SINTOMAS

MARCELA CERIBELLI

SINTOMAS

E O QUE MAIS
APRENDI QUANDO
O AMOR ME
DECEPCIONOU

Rio de Janeiro, 2025

Copyright © 2025 por Marcela Ceribelli.

Todos os direitos desta publicação são reservados à Casa dos Livros Editora LTDA. Nenhuma parte desta obra pode ser apropriada e estocada em sistema de banco de dados ou processo similar, em qualquer forma ou meio, seja eletrônico, de fotocópia, gravação etc., sem a permissão dos detentores do copyright.

Preparação de original	Cristhiane Ruiz
Revisão	Thais Entriel e Rachel Rimas
Design de capa e projeto gráfico de miolo	Amanda Pinho
Diagramação	Abreu's System
Foto da autora	Igor Reis

Dados Internacionais de Catalogação na Publicação (CIP)
(Câmara Brasileira do Livro, SP, Brasil)

Ceribelli, Marcela
  Sintomas : e o que mais aprendi quando o amor me decepcionou / Marcela Ceribelli. -- Rio de Janeiro : HarperCollins Brasil, 2025.

  ISBN 978-65-5511-690-8

  1. Amor 2. Autoajuda 3. Autoconhecimento 4. Decepção 5. Desigualdade 6. Feminismo 7. Relacionamentos I. Título.

25-261051   CDD-158.1

Índices para catálogo sistemático:
1. Autoconhecimento : Crescimento pessoal : Conduta de vida 158.1
Eliete Marques da Silva - Bibliotecária - CRB-8/9380

HarperCollins Brasil é uma marca licenciada à Casa dos Livros Editora Ltda. Todos os direitos reservados à Casa dos Livros Editora LTDA.

Rua da Quitanda, 86, sala 601A – Centro,
Rio de Janeiro/RJ – CEP 20091-005
Tel.: (21) 3175-1030
www.harpercollins.com.br

Sumário

Novo dicionário amoroso — 7

Parte #1: Sintomas de Engano

O fundo é falso — 21
O custo do "sim" — 25
Mulheres falam sobre amor — 38
Amor como promessa — 50
A fábrica de expectativas — 56
"Não faz meu tipo" — 62
A cilada da mulher "de boa" — 69

Parte #2: Sintomas de Espera

Espere — 83
A sala de espera amorosa — 84
Amor-próprio adestrado — 97
Haréns contemporâneos — 107
Ficantes — 116
Ficante sério existe? — 117
A terrível fossa dos "quase algo" — 125

Parte #3: Sintomas de Ansiedade

Desejo realizado é desejo morto — 139
A mulher do padre — 150

Pare de pintar as bandeiras vermelhas de branco	162
Potencial não é paixão	163
Eu também estava lá	167
O amor que herdamos	180
Mergulho	193
Como tomar decisões difíceis?	194

Parte #4: Sintomas de Amor — 208

Agradecimentos	219
Notas	221

Novo dicionário amoroso

Antes de podermos nomear o que sentimos, há um período de silêncio. Uma angústia vaga, uma inquietação que não sabemos de onde vem. O medo começa assim: sem nome, sem forma definida, apenas um incômodo que nos molda antes mesmo de nos darmos conta.

O que antes era apenas uma curiosidade que um amigo costumava mencionar acabou se tornando um fascínio compartilhado: palavras que existem em uma única língua. A saudade, você deve saber, é só nossa. Mas os italianos batizaram de *abbiocco* aquele delicioso soninho que bate depois de um almoço farto. No Japão, a angústia de ver a pilha de livros não lidos crescer sem controle tem nome: *tsundoku*. Já os franceses chamam de *l'esprit de l'escalier* — ou "sagacidade da escada" — aquele momento frustrante em que a resposta perfeita só surge depois que já é tarde demais (por que sempre no banho?). Como menção honrosa, um termo escocês que merece destaque: *tartle*, a breve hesitação ao encontrarmos uma pessoa que não vemos há algum tempo e, quando estamos prontas a apresentá-la a quem está ao nosso lado... nos damos conta de que esquecemos o nome dela.

Se alguém entende a importância da nomeação, essa pessoa é a jornalista Natália Sousa, apresentadora do podcast *Para Dar Nome Às Coisas*. Ela compara o ato de nomear a descer da cama e finalmente encarar o monstro que sempre pensamos estar escondido ali. É como acender a luz em um quarto escuro, onde tudo parece aterrorizante apenas porque não conseguimos ver com clareza. Aquilo que sentimos, mas não conseguimos entender, nos faz sofrer duas vezes: primeiro pela dor em si, depois pela nossa incapacidade de dar significado a ela.

"O simples ato de categorizar uma emoção pode transformar a angústia em algo tangível, compreensível e, com o tempo, superável", disse Natália em uma de nossas conversas. E é exatamente assim que enxergo o poder de nomear: uma ferramenta indispensável para organizar o nosso caos interno. Não se trata apenas de rotular, mas de se apropriar do que nos atormenta, transformando o indizível em algo que podemos enfrentar. É como criar um mapa que nos orienta em meio à nossa desordem. Quando olhamos de perto, o que antes parecia inominável — culpa, angústia, desesperança — ganha contornos, se revela, desmanchando o véu do medo que o envolvia. É a linguagem nos resgatando do silêncio que amplifica a dor.

Se nomear emoções pode causar revoluções internas, nomear fenômenos sociais tem o poder de desencadear revoluções coletivas. Foi o que aconteceu quando finalmente demos nome à "carga mental": ao fazer isso, desnudamos a violência invisível que mulheres enfrentam ao assumirem funções desvalorizadas — e com frequência ignoradas —, mas indispensáveis para o funcionamento de uma casa e/ou uma relação. A carga mental nunca foi biológica, frescura ou simples reclamação. É um trabalho não remunerado, não reconhecido, mas absolutamente essencial. E, agora, devidamente nomeado. O tema me levou a ser citada em diversas provas do ENEM e até foi tópico escolhido para a redação dessa que é a principal avaliação educacional do país.[1]

O que não conseguimos nomear frequentemente revela mais sobre quem ainda não teve permissão para falar. Talvez por isso o termo *mansplaining* tenha causado tanto impacto ao ser adicionado ao *Oxford English Dictionary*, em 2018. Um dicionário pode oferecer uma definição técnica, mas a historiadora norte-americana Rebecca Solnit vai além em seu livro *Os homens explicam tudo para mim*. Com a precisão de um bisturi, seu texto não apenas descreve o conceito, mas te faz sentir na pele o absurdo cotidiano de homens explicando coisas que você já sabe — e, muitas vezes ("na maioria das vezes" seria exagero?), melhor do que eles.

Rebecca estava em um jantar, discutindo um tema específico, quando, já prestes a sair, um homem à mesa a abordou com entusiasmo e sugeriu que ela lesse um livro excelente sobre o assunto. Sua amiga, percebendo o desastre iminente, interveio: "Foi ela que escreveu esse livro." Repetiu isso mais de uma vez, em tons variados, como quem tenta apagar um incêndio com um copo d'água. Mas o homem seguiu impermeável à informação, e continuou explicando para Rebecca o conteúdo do livro que ela mesma havia escrito.

É um momento tão cômico quanto irritante, um retrato perfeito do que hoje chamamos de *mansplaining*: o fenômeno tragicômico em que homens se sentem pateticamente confortáveis explicando algo a mulheres de maneira condescendente, sob a presunção automática de que sabem mais — mesmo quando estão diante da própria especialista no assunto. Pausa para: a vez que um homem tentou me explicar os efeitos da pílula anticoncepcional. Não, ele não era médico.

Nesse mesmo caminho, o *gaslighting* trouxe uma liberdade quase revolucionária: dar nome a uma violência que, sem definição, nos fazia sentir apenas loucas. O termo encapsula a covardia de chamar de louca quem você mesmo enlouqueceu. Ou, pior, a crueldade de distorcer a realidade de alguém até que essa pessoa passe a confiar mais no seu agressor do que em si mesma. É um processo silencioso e devastador, que não apenas desmonta certezas, mas transforma a autoconfiança em um terreno instável, no qual cada passo parece perigoso. Nomear essa dinâmica nos permitiu compreender algo que antes parecia confuso e difícil de entender. O que antes era indefinido agora pode ser reconhecido com clareza — e isso, por si só, é profundamente libertador.

O termo vem da peça *Gas Light* (1938), escrita pelo dramaturgo britânico Patrick Hamilton, que captura com exatidão assustadora como a manipulação psicológica opera. Ambientada na Londres vitoriana, a trama gira em torno de Bella e Jack Manningham, um casal cuja relação é sustentada por manipulações calculadas. Jack diminui gradualmente o brilho das lâmpadas a gás da casa e insiste que nada mudou, levando Bella a duvidar de sua percepção e, aos poucos, de sua sanidade. A peça foi um sucesso em sua época, ganhando adaptações para o cinema, incluindo a icônica versão de 1944, *À Meia-Luz*, com Ingrid Bergman, que imortalizou a história. Mais do que uma obra de arte, *Gas Light* proporcionou à cultura popular uma linguagem capaz de identificar um tipo de violência psicológica até então sem nome.

Amor nunca é apenas amor. Ele é também a maneira como aprendemos a interpretá-lo — os sinais que escolhemos ver, os perigos que decidimos ignorar. O *gaslighting* é uma violência psicológica que não precisa gritar para ser devastadora. Ele opera na sutileza, infiltrando-se na sua percepção até que você perca completamente a confiança no que vê e sente. "Te fazem duvidar de você mesma", a modelo, nutricionista e criadora de conteúdo Mariana Goldfarb me contou. "Você escuta algo, vê algo, sente algo, mas depois te dizem que não foi bem assim, que você entendeu errado, que sempre exagera. E você começa a acreditar."

O *gaslighting* é uma manipulação sutil que se infiltra, em vez de explodir; que não machuca de imediato, mas corrói tudo ao redor com o tempo. É como um *glitch*, uma falha, no sistema emocional: você sente que algo está errado, mas não consegue provar, porque o problema não está apenas no que acontece, mas no que tentam fazer você acreditar. Vi de perto como ele opera, com uma crueldade silenciosa e persistente, desintegrando certezas até que o chão desaparece sob seus pés. Ele sussurra, e, nesses sussurros, apaga os contornos entre o real e o ilusório, deixando você na dúvida mais cruel de todas: será que o problema sou eu?

Susan Forward, em sua obra fundamental *Emotional Blackmail*, desdobra essa manipulação em uma dinâmica específica que ela chama de *FOG*: *Fear* (medo), *Obligation* (obrigação) e *Guilt* (culpa). Esses três pilares são a base da chantagem emocional, uma estratégia que não apenas prende suas vítimas, mas as paralisa. O medo é usado para intimidar, criando uma constante sensação de alerta, como se qualquer movimento pudesse provocar uma perda irreparável. A obrigação surge como uma força silenciosa que convence a vítima de que é sua responsabilidade atender às demandas do outro, por mais injustas que sejam. E a culpa, talvez a mais corrosiva nessa dinâmica, distorce até mesmo os desejos e necessidades mais legítimos, fazendo-os parecer egoístas ou errados.

FOG, que em português significa "neblina", também é uma metáfora poderosa para ilustrar como essas forças mantêm suas vítimas presas em dinâmicas de chantagem emocional. A psicóloga Elisama Santos, autora de sucessos como *Conversas corajosas*, *Educação não violenta* e *Por que gritamos*, é uma das principais vozes brasileiras quando se trata de relações emocionais. Ela descreve esse funcionamento com precisão: "O chantagista emocional cria uma neblina que turva a sua percepção da realidade." Essa confusão amplifica as três forças do *FOG*, deixando você com um único desejo: que o barulho cesse.

Você começa sacrificando pequenas coisas: cancela um jantar com amigas porque sabe que ele vai fazer cara feia, apaga uma mensagem antes de enviar para evitar uma discussão, desiste de um curso ou um hobby porque "não dá tempo pra tudo". Parecem concessões normais, quase inevitáveis. Mas então você percebe que sua rotina, suas escolhas e até seus pensamentos estão sendo moldados para evitar conflitos.

São relações vividas no futuro, não no presente, onde de fato acontecem, mas na promessa de que vão melhorar. Esse tipo de relação tem uma lógica própria: os momentos bons são tão intensos que fazem os ruins parecerem suportáveis. O que veio antes se torna sempre uma promessa do que pode voltar a ser.

Como um vídeo esquecido rodando em *loop*, enquanto o celular está longe demais para interrompê-lo, a história volta sempre ao mesmo ponto. Uma briga, um pedido de desculpas, um período de calmaria, outra briga. O que começou como exceção vira regra, e a paciência, que deveria ser uma escolha, se torna um reflexo condicionado. O afeto se reduz a um resquício, uma memória usada para justificar a permanência. Nos agarramos à lembrança de quando o outro não era assim, como se cada crise fosse apenas um intervalo antes da recuperação definitiva.

O medo não surge apenas pelo que o outro pode fazer, mas pela crença de que não há alternativa além de continuar. Chantagem emocional não se limita à manipulação; é um processo de desgaste. Um desmanche lento da identidade, uma diluição dos limites até que quase não seja possível reconhecer quem se era antes.

O controle raramente se impõe de forma explícita. Ele se infiltra no silêncio, na retirada súbita do afeto, na frieza que transforma qualquer tentativa de comunicação em erro. A brutalidade pode estar na resposta curta que esvazia o diálogo ou no olhar distante que desloca o peso do conflito para quem ousou reagir. A vitimização se torna uma estratégia, embaralhando culpa e responsabilidade, tornando impossível distinguir defesa de chantagem. Não é necessário gritar para desestabilizar alguém; basta criar um ambiente onde a dúvida se torna rotina e a necessidade de atenção e reciprocidade vêm carregada de um fardo invisível.

Em uma relação na qual o *gaslighting* era uma constante, a ansiedade e a incerteza se tornaram a base de tudo. O amor era instável, cheio de altos e baixos, e cada momento era governado pelo medo do colapso iminente. A sensação era de navegar em um território emocional nebuloso, onde nunca havia certezas, apenas a expectativa de uma nova crise.

Toda vez que eu tentava falar sobre algo que me incomodava, a resposta era sempre a mesma: "Eu sou assim. Se não tá bom pra você, a gente termina agora." E o pior? Funcionava. Não porque eu acreditasse nele, mas porque, naquele momento, o medo de perder parecia mais insuportável do que engolir o inaceitável mais uma vez. Ele sabia disso. Sabia como me manter presa nesse ciclo de medo e culpa, em que qualquer tentativa minha de reivindicar um espaço era sufocada antes mesmo de existir. Aquela frase, repetida tantas vezes, era como um golpe certeiro, sempre no mesmo lugar, sempre no meu ponto mais vulnerável.

Não era um ultimato — era uma estratégia. Ele me mantinha em um estado de sobrevivência, em que o medo do abandono obscurecia qualquer possibilidade de clareza. Ele não desejava o fim da relação; seu objetivo era me prender em um ciclo interminável de questionamentos — todos dirigidos a mim mesma, nunca a ele. Seu controle se solidificava na minha incapacidade de conceber outra alternativa.

Ele sabia criar o caos, sabia transformar meu desconforto legítimo em um turbilhão tão intenso que tudo que eu queria era que parasse. A neblina era tanta que ainda me lembro de uma briga em um quarto de hotel. Sem saber mais como reagir, me tranquei no banheiro, sentei no chão frio e esperei que ele parasse. Como se uma porta trancada pudesse me proteger do que saía da sua boca. Eu não sabia se era medo, exaustão ou uma mistura dos dois. Só sabia que precisava de silêncio, de um intervalo entre o que ele dizia e o que eu sentia. Mas nem isso parecia suficiente.

E, quando finalmente ele parava, eu me via sozinha, repetindo para mim mesma: Mas, calma... O que aconteceu? Como isso tomou essa proporção? Como um desconforto legítimo meu se transformou em um tumulto tão grande? Eu sabia a resposta, só não queria aceitar que era calculado, que tudo aquilo era fabricado para me desestabilizar, para me fazer duvidar de mim mesma e, no fim, acreditar que o problema sempre era meu.

Imersa na manipulação, você não percebe o padrão. Não é uma explosão, mas uma infiltração que silencia e consome lentamente. Ele explorava com precisão as minhas vulnerabilidades mais profundas: as inseguranças acumuladas ao longo de anos, as cicatrizes de abandono, o impulso quase visceral de agradar. Cada concessão que eu fazia era registrada como território conquistado. Não era minha existência que se subordinava, mas minha energia, minha capacidade de agir além do medo e da culpa que ele tão habilmente cultivava. Cada pequena vitória dele me afastava mais de mim mesma, até que resistir parecia algo distante, quase impossível.

Forward mostra que o *FOG* é o sistema perfeito para relacionamentos controladores porque ataca diretamente nossas fragilidades emocionais. A chantagem emocional não funciona sem acesso a esses pontos críticos — e quem manipula conhece cada um deles. Por isso, nomear essa dinâmica não é apenas um exercício teórico, mas um ato essencial de libertação. Nomear é reconhecer o ciclo, enxergar como o medo, a obrigação e a culpa são usados contra você. É o início de uma retomada do controle — da narrativa, da percepção e, sobretudo, de si mesma.

Confrontar o *FOG* é como ligar o ar-condicionado do carro quando os vidros começam a embaçar. No início, você continua dirigindo, achando que consegue enxergar o suficiente, até perceber que a visão está turva e que seguir assim é perigoso. Só então você reage. Ligar o ar-condicionado não dissipa tudo imediatamente, mas é o primeiro passo: ele começa a clarear a visão, devolvendo aos poucos os limites que pareciam inexistentes. Assim como os vidros não se limpam sozinhos, libertar-se do *FOG* exige um gesto ativo — e esse gesto começa com a coragem de dar nome ao que está acontecendo.

Mas reconhecer não é o mesmo que se libertar. Entender a dinâmica é um começo, mas a repetição ao longo do tempo cria reflexos difíceis de quebrar. O corpo se acostuma ao estado de alerta constante, à necessidade de antecipar reações, ao medo de que qualquer movimento errado desencadeie mais um episódio de desgaste. A exaustão faz parecer mais fácil continuar do que romper, e é aí que o ciclo se fortalece. Porque, mesmo quando a consciência chega, ainda há um longo caminho até que o instinto de ceder dê lugar ao impulso de se preservar.

Forward nos ensina que, para escapar desse ciclo, não basta reconhecer o *FOG*; é preciso desativar os gatilhos emocionais que nos mantêm presas. Isso exige coragem para enfrentar os medos que nos paralisam, questionar as obrigações que aceitamos sem pensar e desafiar a culpa que carregamos como se fosse nossa. Esses sentimentos, embora amplificados pelo manipulador, também têm raízes nas nossas próprias histórias e vulnerabilidades. Reconhecer esse vínculo é o primeiro passo para a libertação — o momento em que começamos a distinguir o que é nosso daquilo que nos foi imposto.

Ainda assim, essas mudanças não vêm sem dor. É quase humilhante me lembrar do que suportei naquela época, mas acredito que muitas mulheres vão se reconhecer nisso. Meu maior arrependimento foi não ter pagado o blefe logo de cara, na primeira vez em que ouvi a ameaça do fim. A resposta certa estava diante de mim, tão clara: "Se você não está disposto a melhorar para que nossa relação funcione, então acabamos por aqui." Mas eu não disse. Fiquei ali, presa em um silêncio ansioso, tentando calcular qual parte de mim precisava desaparecer para que ele decidisse ficar.

Nunca entendi como alguém pode viver com tanta certeza de que nunca será abandonado. Como se existisse uma cláusula invisível no contrato do relacionamento garantindo que eu ficaria. Como se a minha paciência fosse um recurso renovável, um ativo estável no mercado do afeto. Como se eu não pudesse, simplesmente, acordar um dia e decidir ir embora.

No começo, tentei entender o que faltava para, enfim, tomar uma decisão. Me analisei como um problema matemático, uma equação cheia de variáveis invisíveis. Mas depois percebi que a pergunta certa não era essa. A pergunta certa era: por que eu ainda estou aqui? Essa mudança de pergunta quase sempre marca o fim real — não aquele que anunciamos para os outros, mas o que acontece em silêncio, dentro de nós.

Quando a clareza chega, ela não é gentil. Ilumina tudo de uma vez, sem perguntar se estamos prontas. O que antes parecia nebuloso se revela com brutal nitidez: tristeza, cansaço, medo. Nunca foi amor. Nunca foi sobre sair de um labirinto, porque nunca estivemos em um. Era só um círculo. E a saída sempre esteve no exato ponto em que entramos.

É estranho como o corpo ainda reage a coisas que a mente já compreendeu. Se para ele era tão fácil me descartar, por que para mim era tão difícil concordar? Essa pergunta me perseguiu por muito tempo (por que sempre no banho?). *L'esprit de l'escalier*, diriam os franceses. Mas um dia eu falei. E tudo mudou. Não porque ele me deixou, mas porque ele nunca esperou ouvir aquilo. De repente, o tom mudou.

O desespero estampado no olhar dele era cômico, patético até. Em questão de segundos, o desprezo por mim se transformou em adoração: "Você é a mulher perfeita", me disse. Como se a ideia de me perder o fizesse enxergar um amor que, até então, nunca tinha sido suficiente para ele. Era tão surreal que parecia uma cena mal escrita. Minutos antes, eu era descartável; agora, indispensável. Nunca vou esquecer a forma como a manipulação se desfez no instante em que eu me recusei a continuar sendo manipulada.

Pela primeira vez, eu não estava esperando um argumento. Uma mentira bem articulada que me fizesse ficar. Um pedido de desculpas que daria início a uma fase melhor. Eu não estava esperando mais nada.

Era para eu me sentir vingada, mas tudo que senti foi raiva. Raiva de mim mesma por ter passado tanto tempo presa a essa ilusão, por ter me convencido de que, se eu esperasse mais um pouco, se eu fosse mais paciente, as coisas mudariam. Eu sabia que minha intuição estava me avisando, mas aprendi a silenciá-la.

A dúvida se infiltrava em tudo: será que eu estava exagerando? Será que era exigente demais? "Você passa a precisar dele até para saber o que é real e o que não é", Mariana disse em nossa conversa. "Você se torna dependente da visão que ele tem do mundo, porque a sua já foi completamente apagada."

Nomear essas dinâmicas não é apenas sobre compreender, mas sobre romper — com o outro, sim, mas, principalmente, com a prisão que construímos dentro de nós mesmas.

Foi quando entendi o que era *gaslighting* que consegui escapar dele. Nomear não apagou o trauma, mas me deu um novo mapa da realidade. Mariana, curiosamente ou não, descreveu essa sensação de forma quase idêntica a Natália Sousa: como abrir um quarto escuro e ver que o monstro que você temia estava lá o tempo todo, mas agora, pelo menos, você sabe que ele existe. "O abuso não mudou", ela me contou. "O que mudou foi que, agora, eu conseguia vê-lo." E o que conseguimos ver, conseguimos enfrentar.

Nomear é construir uma ponte entre o individual e o coletivo — o que você sentiu, eu também senti. O que antes era vivido em silêncio se torna compartilhado, discutido e, finalmente, passível de transformação. A filósofa espanhola Celia Amorós diz que "categorizar é politizar", e posso afirmar que, desde 2019, quando Valeska Zanello participou pela primeira vez do *Bom Dia, Obvious* e nos apresentou conceitos como *Dispositivo Amoroso* e *Prateleira do Amor*, ela revolucionou a maneira como eu — e mais de 500 mil ouvintes daquele episódio — passamos a enxergar as dinâmicas que moldam nossos afetos.

Foi quando entendi que a questão não era mais se o relacionamento havia sido bom ou ruim, mas sim que eu tinha sobrevivido a ele. O *gaslighting* precisava ser visto pelo que realmente era: não uma falha individual, mas um sistema de controle que só se sustenta enquanto permanece inominado. Nomear, então, não é apenas um ato de entendimento. É um rito de passagem.

Mas nomear não basta. O medo continua ali, camuflado de cautela, de paciência, de prudência. Reconhecê-lo não significa que ele nos deixará em paz. É preciso compreender como ele se instala, como nos convence a ficar, como nos ensina a amar com a mesma devoção com que se teme. E é aí que entram os sintomas.

Parte #1

Sintomas
de Engano

O fundo é falso

"**P**esquisar sobre o amor te tornou mais ou menos romântica?" Essa pergunta que fiz para Francine Tavares, especialista em estudos sobre amor e relacionamentos na contemporaneidade, durante a escrita deste livro, não era apenas fruto da minha curiosidade. Eu estava apavorada. Se me arriscasse a dissecar demais o amor, será que ele ainda me encontraria? Ou eu ficaria condenada a assistir eternamente a um espetáculo do qual conheceria todos os truques? O amor começava a parecer cada vez mais com um ilusionismo que, uma vez desvendado, perderia sua magia para sempre.

O problema nunca foi sentir. Foi o que nos ensinaram a fazer com esse sentimento, a ideia de que precisamos de uma "metade" para sermos inteiras. Nos ensinaram que amor é renúncia, que quem ama cuida e que quem cuida aguenta. Aprendemos, desde cedo, que estar apaixonada é estar disposta a aceitar tudo, a tratar o desejo como uma assinatura em branco. Mas o amor não tem natureza fixa, ele é um reflexo de quem o molda. E quem o moldou durante séculos foram os homens. Separar o sentimento da estrutura não mata o romance. Só nos livra da sentença que o acompanha.

A resposta que eu esperava ouvir de Francine não era apenas para mim, mas também para você. Este livro não tem a intenção de fazer com que você perca a fé no amor, embora eu saiba que, em alguns momentos, o que vou descrever possa provocar uma sensação de desespero, tamanha a familiaridade. Não porque somos irmãs separadas na maternidade finalmente se reencontrando, mas porque os sintomas que experimentamos não são um acaso individual, e sim um reflexo de uma sociedade que adora assistir de camarote enquanto lutamos por aquilo que deveria ser nosso por direito.

Se as regras do amor não são neutras, se elas nos atingem de formas tão desiguais, então minha ansiedade ao pesquisá-lo não era apenas sobre o amor em si. Era sobre lucidez. Porque o amor afeta a todas, porém nunca da mesma maneira, e entender isso não é o fim do romance, mas talvez o começo de um novo olhar sobre ele.

Para muitas mulheres heterossexuais, há um momento inevitável em que o amor deixa de ser um território de fantasia e passa a se parecer mais com gestão de crise. Não porque faltam sentimentos, mas porque sobra assimetria. Amamos homens que foram ensinados a serem cuidados, não a cuidar. A desejarem a profundidade, mas se assustarem com ela. A quererem o afeto, mas temerem a responsabilidade que ele exige. Crescemos acreditando que o amor seria o grande encontro, mas muitas de nós se veem presas ao trabalho invisível de sustentá-lo, de preencher os vazios emocionais que eles nunca foram ensinados a enxergar. E então nos pegamos exaustas, nos perguntando se é isso mesmo — e se sempre foi assim.

Mulheres negras, por exemplo, enfrentam um duplo apagamento: historicamente excluídas da figura idealizada do amor romântico e, ao mesmo tempo, sobrecarregadas pelo papel de provedoras e cuidadoras. São ensinadas desde cedo a serem fortes, a amar sem exigir nada em troca, a suportar ausências e silenciamentos como se fossem coisas naturais. O romance, para elas, sempre foi algo a ser concedido, conquistado com esforço, nunca um direito inquestionável.

Mulheres gordas e aquelas que não se encaixam no padrão estético idealizado crescem ouvindo que o amor, se acontecer, será um prêmio — e que devem aceitá-lo do jeito que for. Como se não coubessem na própria história, como se tivessem que ser gratas por qualquer narrativa na qual lhes fosse atribuído um papel. No imaginário coletivo, seus desejos são vistos como desproporcionais e suas exigências como excessos, como se o amor não fosse um direito delas, mas um favor concedido. E, assim, muitas de nós nos vemos obrigadas a ficar em relações que nos desgastam. A suportá-las. A transformar amor em resistência, quando ele nunca deveria ter sido um campo de batalha.

As mulheres LGBTQIAP+ inúmeras vezes passam boa parte da vida precisando justificar que seu amor existe. O mundo está estruturado de forma a tornar seus afetos clandestinos, renegados à margem, sempre sob o risco de serem corrigidos ou apagados. Seus desejos são questionados, tratados como fases, fetichizados ou deslegitimados. Não basta encontrar amor. É preciso sobreviver a ele.

Lélia Gonzalez, importante intelectual, ativista e uma das fundadoras do Movimento Negro Unificado (MNU) nos anos 1970, destacou que, embora a servidão feminina mude de forma ao longo do tempo, seu eixo central permanece: cuidado, sacrifício, renúncia. E é justamente aqui que eu volto à pergunta que fiz a Francine, porque percebo que minha ansiedade não estava relacionada ao amor, mas à consciência. O amor nos atinge de maneiras diferentes, mas nunca nos deixa imunes. Ele se molda às hierarquias, reforça desigualdades, define quem é digno de afeto e quem precisa provar, sempre um pouco mais, que merece ser amado.

Acredito que a (boa) não ficção tem o poder de nos fazer sentir menos sozinhas, de nos lembrar que nossas experiências, por mais isoladas que possam parecer, são, na verdade, compartilhadas por muitas outras mulheres. Não tenho a ambição de te dar respostas definitivas, mas adoraria que, ao final desta leitura, você mudasse suas perguntas. Em vez de "por que isso está acontecendo comigo?", começasse a perguntar "por que isso está acontecendo com tantas mulheres que conheço?"

Se existe um alívio em tudo isso, ele talvez esteja na resposta de Francine: ela ainda se declara romântica, mas não da forma que fomos ensinadas a ser. "Eu prefiro uma visão mais filosófica do romantismo. Algo menos hollywoodiano e mais parecido com o romantismo alemão", disse. O romantismo alemão não celebrava finais felizes, mas sim a intensidade das emoções, mesmo quando essas emoções permaneciam inconclusas. Talvez esta seja a primeira boa notícia: o amor não depende de final feliz, mas de alguma disposição para continuar existindo.

A segunda boa notícia (espero) é que meu medo se provou ser apenas fruto da minha ansiedade. Estou longe de ter me tornado cínica sobre o amor. Passei a enxergá-lo como uma força que move tudo — até as revoluções. Mas também aprendi a diferenciá-lo do que estamos falando aqui, e com certeza não se trata do amor romântico. Porque talvez esse seja o verdadeiro fundo falso: o truque pode ter sido desvendado, mas a escolha de ainda acreditar na magia do amor é nossa.

O custo do "sim"

Quero dar fim à minha injusta reputação de ser contra o casamento. Como eu poderia ser contra a ideia de chegar em casa e saber que vou encontrar uma das minhas pessoas favoritas no mundo? Aliás, adoro pensar que as melhores cenas de um casamento se assemelham às de dois adolescentes deixados sozinhos, sem previsão de quando os adultos vão voltar — uma mistura de liberdade, intimidade e um prazer que só o que é proibido pode proporcionar. É como construir a dois uma só nação: um território com sua própria linguagem, tradições e códigos secretos. Como você pode ver, eu sou até romântica.

Só que a questão aqui não é o romance, muito menos o desejo humano de compartilhar uma vida com outra pessoa — duas, ou mais, quem sabe. Isso, em essência, considero bonito, até mesmo revolucionário, dependendo do contexto. Mas, assim como precisamos distinguir o amor enquanto sentimento do amor romântico — essa narrativa cuidadosamente construída para nos vender a ideia de completude —, também é necessário diferenciar o casamento enquanto união de sua instituição.

A união, no sentido mais genuíno, é um pacto vivo, em constante transformação. É negociar os termos da convivência, de construir algo que funcione para ambas as partes, sem que uma precise se apagar para que a outra brilhe. Já o casamento, enquanto instituição, é uma estrutura rígida, desenhada para manter tudo em seu lugar — ou, mais precisamente, para garantir que as mulheres permaneçam em seus lugares.

Criticar o casamento como instituição não é ser contra o amor — até porque, durante a maior parte da história, casar era mais uma transação estratégica do que uma celebração do afeto. Era um contrato, e as mulheres eram cláusulas inegociáveis. Como bem lembra a historiadora Stephanie Coontz, em *Marriage, a History: How Love Conquered Marriage* [Casamento, uma história: como o amor conquistou o matrimônio]: até o século XIX, em algumas sociedades do noroeste do Pacífico, casamentos podiam ser arranjados até entre uma pessoa e o pé de outra. (Aqui fiquei meio com nojo.)

Essa frieza utilitária foi implacável e cruel com as mulheres (surpresa!). Por grande parte da história, especialmente até o século XIX, fomos tratadas como mercadorias em negociações familiares: éramos oferecidas pelos nossos pais como peças de um jogo para firmar alianças comerciais ou apaziguar rivalidades entre clãs. O amor, caso surgisse, era apenas um detalhe irrelevante, um adorno em contratos que priorizavam o patrimônio e a segurança.

A monogamia, nesse contexto, era essencial para garantir herdeiros legítimos e proteger a transmissão de riquezas familiares — ou melhor, a monogamia *feminina*, já que os homens, especialmente das classes dominantes, gozavam de uma liberdade sexual sem culpa. Era um jogo de aparências: desde a Europa medieval e renascentista, os homens mantinham amantes que com frequência exerciam mais influência do que as próprias esposas, enquanto os bordéis públicos daquela época, regulamentados pelo Estado, ofereciam um espaço aceitável para suas traições. A fidelidade era exigida das mulheres, enquanto a infidelidade masculina era normalizada — e, em muitos casos, celebrada. Mas talvez, diferentemente dos casamentos com pés, essa realidade não tenha mudado tanto assim.

É por isso que, seja qual for o formato de relação em que você se sente mais confortável ou realizada, reconhecer a importância de novos arranjos amorosos é menos sobre defender relações abertas como algum tipo de "progresso moral" e mais sobre expor as hierarquias ridículas que sempre governaram o território do desejo. Homens, de monarcas a esquerdomachos, sempre tiveram passe livre para trair — e ainda ganharam justificativas patéticas para isso. "É biológico", dizem eles, com a confiança de quem nunca leu um parágrafo sobre biologia e acha que as mulheres foram programadas para aceitar migalhas de prazer.

Um prazer historicamente reservado aos homens, enquanto o desejo feminino sempre foi visto como um território a ser controlado. Durante séculos, essas desculpas convenientes serviram para justificar o policiamento do nosso corpo, enquanto os homens seguiam livres com suas traições glorificadas. Reconhecer a importância de naturalizar a conversa sobre outros formatos de relação além da monogamia — mesmo que, ao final, você escolha permanecer nela — não é sobre acabar com o amor romântico, é sobre desarmar a hipocrisia.

A chamada "pureza" feminina nos casamentos não era apenas exaltada socialmente, mas também respaldada por lei durante décadas. O Código Civil de 1916 permitia que o marido anulasse o casamento se descobrisse que a esposa não era virgem, alegando um "erro essencial sobre a pessoa do outro cônjuge" — justificativa que simplesmente institucionalizava a subjugação sobre o corpo feminino.

Esse resquício jurídico só foi eliminado mais de oitenta anos depois, em 2003. Naquele mesmo ano, enquanto Madonna dava os icônicos beijos em Britney Spears e Christina Aguilera no palco do VMA nos Estados Unidos, no Brasil, a novela das nove exibia Christiane Torloni e o então idolatrado — e hoje conhecido por ter acusações de assédio — José Mayer em cenas escaldantes (a do banho segue viva na minha memória). Em resumo, enquanto a cultura pop celebrava a liberdade sexual, nossas leis ainda estavam presas em uma lógica arcaica e opressora.

Essa herança opressora explica por que, tanto tempo depois, ainda carregamos culpas e contradições. Em um dos episódios do meu podcast confessei ao psicanalista Lucas Bulamah, com um toque de amargura, que o casamento poderia ser a fórmula perfeita para assassinar a paixão. E a resposta dele não veio para consolar: "O casamento é como uma grande aventura que busca estabilidade, mas essa mesma estabilidade pode se tornar seu maior veneno." E então o golpe final: "Não há nada pior para o casamento do que o próprio casamento".[2]

Alinhada ao psicanalista, a sexóloga Esther Perel, quase uma guru dos estudos sobre relacionamentos contemporâneos, aponta que nunca antes as expectativas sobre o casamento foram tão épicas: esperamos que uma única pessoa nos ofereça constância, segurança e previsibilidade, mas também mistério, aventura e risco. Antes, casávamos para transar pela primeira vez, hoje, casamos e deixamos de transar com todas as outras pessoas.

Antigamente, o casamento não era um fim em si mesmo. Nas gerações anteriores — talvez até pouco tempo —, ele representava uma realização que ia além do parceiro ideal ou do "grande amor". Casar-se era sobre construir uma família, deixar um legado, criar uma continuidade. Lucas Bulamah apontou que essa visão prática fazia sentido em uma sociedade que via o casamento como uma necessidade coletiva, uma espécie de contrato social. Hoje, porém, essa ideia se dissolve como areia entre os dedos. As pessoas ainda querem filhos, ainda querem famílias, mas isso está cada vez mais desconectado da instituição do casamento.

É o reflexo mais claro de um modelo que já não dá conta da complexidade do desejo humano. O casamento como destino final desmoronou, deixando para trás uma busca interminável — e quase sempre frustrante — de conciliar nossos anseios mais contraditórios. O "para sempre", que antes prometia estabilidade, agora parece provocar mais ansiedade do que conforto; um peso que poucos conseguem ou querem sustentar.

A cereja desse bolo — e aqui provavelmente você já deve estar convencida de que minha reputação é merecida, e de que sou mesmo contra o casamento — é que vivemos em uma sociedade na qual grande parte das mulheres ainda recebe salários inferiores aos dos homens. Essa desigualdade lamentável, claro, não fica restrita ao ambiente corporativo, ela invade a dinâmica de muitos casamentos heterossexuais. Então, quando chega o momento de decidir quem vai trabalhar (isso mesmo: *tra-ba--lhar)* cuidando dos filhos e administrando a casa enquanto o outro vai trabalhar fora, a decisão "lógica" acaba sendo manter o salário mais alto — que, como já sabemos, na maioria das vezes é o dele.

Esse desequilíbrio não apenas perpetua dinâmicas de poder desiguais, mas também cria o terreno perfeito para que essas disparidades se tornem armas em relacionamentos não saudáveis. Dinheiro vira poder, e poder vira controle. Muitas vezes, esse domínio se manifesta de forma sutil — uma carta na manga em chantagens emocionais —, mas, em outras, explode de maneira explícita, deixando mulheres aprisionadas em relações tóxicas.

É um *déjà vu* terrível: me enjoa lembrar todas as vezes que vi mulheres mergulharem em relações que começam com ar de generosidade e terminam engolidas por ciclos de dependência. No início, a proposta parece amorosa: "Descanse, confie, eu resolvo tudo." Mas, aos poucos, o poder muda de lado. Ela para de trabalhar, ele começa a decidir sozinho. As críticas surgem de mansinho, primeiro em silêncio, depois cortantes como lâminas. Quando percebe, ela está presa em dinâmicas nas quais sintomas de amor e domínio se confundem. Ela não permanece porque falta coragem, mas porque falta um plano de fuga — falta dinheiro, falta chão, falta a chave de sua cela.

No Réveillon de 2023, o primeiro depois da minha separação, ao fazer o brinde que dava início ao novo ano, agradeci a Luisa, minha parceira de trabalho e de vida, por ter me mostrado que o que parecia uma sala sem saídas (ou janelas) tinha uma porta. Foi quando vi a coragem dela em se separar, mesmo com filhos e uma sociedade em jogo, que percebi: eu tinha empecilhos, mas também tinha escolha. A libertação feminina dificilmente acontece no singular.

É por isso que me dói tanto ver mulheres que amo presas em casamentos que não fazem mais sentido. Não por falta de coragem, mas por falta de dinheiro. É cruel perceber como a dependência financeira ainda age como corrente, mantendo tantas mulheres imobilizadas. Nunca esqueço o conselho de uma mulher sábia, que me disse, quando eu ainda não tinha capacidade de entender: "Tenha sempre o seu próprio dinheiro. Assim, você vai embora quando quiser, e não quando der".

E o "quando der" é uma promessa traiçoeira. Historicamente, esse momento não chegava para a maioria das mulheres, porque o acesso à autonomia era bloqueado por barreiras legais, culturais e econômicas. Até 1962, uma mulher casada precisava da autorização do marido para trabalhar. Sim, aqueles que provavelmente restringiam sua liberdade também eram os responsáveis por concedê-la. A criação do Estatuto da Mulher Casada nesse mesmo ano abriu uma porta ao dar mais autonomia para a mulher, que então poderia trabalhar, administrar seus bens e tomar decisões sobre a própria vida sem a necessidade de permissão do marido — mas, claro, o patriarcado só ficou mais sofisticado nas formas de controle.

A chegada da pílula anticoncepcional, no mesmo ano, foi um divisor de águas. Mas até isso veio com uma etiqueta de vigilância. A liberdade sexual que ela prometia foi logo tachada como moralmente questionável, colocando o peso do julgamento sobre as mulheres. A mensagem era clara: a liberdade feminina sempre teria um preço. E o dinheiro, sempre ele, seguia como a arma mais eficaz. Até 1974, quando foi estipulada a Lei de Igualdade de Oportunidade de Crédito, mulheres solteiras ou divorciadas precisavam de um homem — pai, irmão ou qualquer macho disponível — para conseguir crédito no banco.

Em 1977, com a aprovação da Lei do Divórcio, essa possibilidade foi enfim garantida. Pela primeira vez, as mulheres tinham uma rota de fuga legal para casamentos infelizes. Só que a liberdade, mais uma vez, trouxe suas punições. Escolas rejeitavam crianças de pais divorciados, como se a dissolução de um casamento fosse algo contagioso. As mulheres que ousavam sair de seus casamentos eram vistas como fracassadas ou problemáticas, enfrentando julgamentos constantes. Muitos locais de trabalho consideravam uma mulher divorciada menos confiável, enquanto proprietários relutavam em alugar casas sem a "garantia de um marido". A fuga era permitida, mas nunca perdoada.

Divorciar-se significava abrir mão de um papel social "respeitável" e encarar um julgamento implacável que colocava a mulher à mercê da reprovação pública. Ser divorciada era quase sinônimo de ser vista como uma ameaça: para outras mulheres, uma péssima influência; para os homens, um risco à ordem de poder. Muitas mulheres também perdiam o apoio da própria família, que temia o "mau exemplo" para outras filhas ou irmãs.

As mudanças na sociedade — legais, econômicas, culturais — começaram a redefinir o casamento. O que antes era visto como um destino inevitável passou a ser uma escolha. Mas, sejamos honestas: uma escolha ainda cercada de altos riscos. Para muitas de nós, a independência econômica continua sendo o único passaporte para sair de uma relação opressora. E não é só sobre dinheiro no bolso — é sobre poder. Porque, quando o dinheiro está só do outro lado, o poder também está.

O casamento, enquanto instituição, foi deliberadamente estruturado para preservar o *status quo* — sustentando hierarquias de poder que dependem da nossa subjugação. Nunca foi concebido em prol de nossa felicidade ou autonomia. Sempre se tratou do domínio do nosso corpo, do capital, da moralidade. A maior ironia do casamento moderno talvez seja a promessa de igualdade em uma instituição construída sobre bases desiguais.

Mas se o divórcio já foi uma sentença social, o casamento, por muito tempo, também foi. A diferença é que, enquanto antes ele nos garantia um lugar "respeitável" na sociedade, hoje continua sendo um divisor de águas na vida das mulheres — só que, agora, o peso recai sobre as consequências de entrar e sair dele. O medo que antes era de não casar agora se tornou o receio de casar errado. Definir o que significa "certo" ainda é um desafio, especialmente quando as regras do jogo seguem mudando.

Hoje, podemos, pelo menos em teoria — como veremos nos próximos capítulos —, escolher com quem nos casamos, ou até mesmo decidir se queremos nos casar. Mas a liberdade de escolha não significa que essas decisões estejam isentas de condicionamentos. O casamento pode até ter evoluído, mas ainda carrega o peso de séculos de narrativas que tratavam as mulheres mais como peças essenciais em um sistema do que como indivíduos com vontades, limites e, acima de tudo, autonomia.

A atriz americana Amy Adams recebeu uma indicação ao Globo de Ouro por sua performance visceral em *Canina*, em que vive uma mãe que deixou a carreira de lado para cuidar do filho e por causa disso passa a enfrentar uma profunda crise de identidade. Em uma cena particularmente desconfortável, ela encontra uma conhecida no supermercado. A mulher, que, ao que tudo indica, trabalha fora de casa, comenta com um toque quase sádico: "Não é *maravilhoso* poder ficar com seu filho o dia todo?"

A resposta da personagem de Adams é um mergulho no abismo emocional: "Eu adoraria me sentir feliz, mas sinto como se estivesse presa em uma prisão criada por mim mesma, onde me atormento até acabar comendo compulsivamente à meia-noite para evitar chorar." Com um olhar que se assemelha com um pedido de socorro, ela continua: "Sinto como se normas sociais, expectativas de gênero e a simples biologia tivessem me forçado a me tornar essa pessoa. Eu não me reconheço, estou com raiva o tempo todo." E então o desespero assume formato tragicômico: "Eu adoraria usar minha arte para criticar os sistemas modernos e expressar isso, mas meu cérebro não funciona mais da mesma maneira que funcionava antes de eu ter o bebê. Agora estou com muito medo de nunca mais ser inteligente, feliz ou... magra. Nunca mais."

Essa sensação de aprisionamento é exatamente o que a antropóloga mexicana Marcela Lagarde, uma das vozes mais influentes do feminismo latino-americano, propõe em sua teoria do "cativeiro das *madresposas*". Ela descreve a situação em que as mulheres são aprisionadas pelo patriarcado em papéis restritivos de esposa e mãe, limitando sua autonomia e liberdade. Não tem a ver com escolhas individuais, mas com um sistema que posiciona mulheres como peças essenciais em uma máquina que depende do seu trabalho invisível, emocional e físico. E, claro, nem todas as mulheres vão se sentir assim, e isso precisa ser respeitado, mas quando tantas relatam essa sensação de prisão, ignorar seria desonesto.

Se tantas mulheres descrevem o casamento e a maternidade como experiências que, em algum momento, se tornaram sinônimo de exaustão, talvez a questão não seja o amor em si, mas o que foi feito dele. A romantização do sacrifício feminino nunca foi uma escolha neutra — ela atende a um propósito. Quando amar significa abrir mão, quando cuidar significa se anular, quando sustentar um relacionamento exige carregar todo o peso emocional sozinha, já não estamos falando de uma relação, mas de um sistema.

Lagarde argumenta que o papel da *madresposa* não é natural, mas fabricado por séculos de condicionamento social. "O amor feminino, tal como nos foi ensinado, não é uma experiência livre ou espontânea." Desde a infância, somos condicionadas a colocá-lo no centro de nossa vida, uma construção que, como Lagarde aponta, nos molda para priorizarmos os outros até o ponto de nos apagarmos.

O amor, nesse contexto, não é uma experiência livre, é uma obrigação projetada para garantir que as mulheres cumpram funções específicas dentro da sociedade. Esse amor "domesticado" transforma o cuidado em dever e o dever em identidade, até que não reste espaço para questionar: "Quem sou eu fora disso?" A personagem de Adams, ao se reconhecer em uma prisão de sua própria criação, ecoa a percepção de que as mulheres são ensinadas a internalizar essas expectativas até que pareçam inevitáveis.

A filósofa argentina Silvina Álvarez descreve com precisão o impacto do patriarcado: ele não apenas molda o que fazemos, mas também limita nossos sonhos. Esse sistema transforma atos de amor em ferramentas de poder, em que o desejo de pertencimento — à família, ao parceiro, à sociedade — se torna a chave que tranca a porta. O cativeiro das *madresposas* não é imposto, mas sim sustentado pela ilusão de que estamos exatamente onde deveríamos estar.

A grande armadilha do amor domesticado é essa: quando se confunde com dever, resistir a ele parece um erro moral. Se fomos ensinadas a nos medir pelo quanto suportamos, qualquer tentativa de colocar limites soa como egoísmo. Mas até quando suportar é uma virtude? O peso dessa expectativa não está apenas no que fazemos, mas no que deixamos de desejar, nos sonhos que nunca ousamos formular porque não cabiam na narrativa que nos foi dada. Afinal, como desejar um mundo que nunca nos foi prometido?

Talvez por isso o cativeiro das *madresposas* seja tão difícil de perceber. Ele não se impõe pela força, mas pela repetição. Está na história que nos contam desde pequenas, na maneira como nos fazem acreditar que o amor verdadeiro exige renúncia, na culpa que sentimos ao querer algo para além do que nos foi designado. Por isso, ao falar sobre dominação, não podemos apenas olhar para as estruturas externas. Precisamos entender o que acontece dentro de nós.

Nada disso acontece por acaso. O patriarcado, em sua forma mais sofisticada, nem precisa recorrer à violência explícita para se manter.

Seu controle está nas narrativas que romantizam o sacrifício, nas estruturas econômicas que tornam as mulheres financeiramente dependentes e nas normas de gênero que apresentam a maternidade como uma vocação inevitável.

Foi pensando nisso que conversei com a psicanalista Mayara Machado Bichir, que dedica seu estudo a entender como a dominação histórica molda nossas subjetividades de maneira quase imperceptível. O ponto mais intrigante de sua pesquisa é o questionamento sobre o papel das próprias mulheres nesse processo — não como culpadas, mas como vítimas de uma internalização tão insidiosa que passa despercebida. "Eles não precisam mais nos dominar, porque eles entram na nossa subjetividade a ponto de nós mesmas nos domarmos."

Podemos criticar os papéis impostos, entender as estruturas e teorizar sobre o amor, mas isso não nos imuniza contra o impacto de uma narrativa que nos molda desde sempre. bell hooks (sempre ela!) afirma que, na cultura patriarcal, ser mulher é estar continuamente marcada por um sentimento de insuficiência, uma cicatriz que nos impele a buscar, sem parar, provas de que somos dignas de amor. Amar, como nos ensinaram, parece uma escolha natural, mas carrega o peso de gerações que viveram para se ajustar ao olhar do outro.

Ouvi da minha avó, meu grande amor, que, apesar de todo o luto que ela viveu ao perder o amor da sua vida, meu avô Teteu (Aristeu, pra você), a grande novidade que ela experimentou aos 87 anos foi poder pensar nela mesma. Ela teve que descobrir do que gostava, que vida ela queria viver. Isso ela não apenas me disse, mas eu vi: enquanto meu avô poderia passar dias em frente à TV, após sua passagem, minha avó se tornou mais agitada do que eu: amigas, viagens, festas. Mal cabe no meu coração o amor que sinto ao vê-la com minha tia-avó Jandira, ambas na casa dos 90 anos, com drinquinho na mão, se jogando em uma pista de dança em um evento de família — cena que jamais aconteceria quando seus parceiros estavam vivos.

Nós, filhas e netas das *madresposas*, somos a geração que viu o divórcio deixar de ser um tabu. Também presenciamos a transformação do casamento, que passou a incorporar algo impensável para nossas antepassadas: o direito de ir embora. Antes, nossas escolhas eram feitas por outros; depois, tivemos a liberdade de escolher, porém sem alternativa real; mais tarde, conquistamos uma saída, mas a um alto custo de julgamento social. Hoje, finalmente, ampliamos nossas ambições sobre o que uma relação deve ser e, mais importante, sobre o que ela *não* deve ser.

No já citado episódio do *Bom Dia, Obvious*, Lucas Bulamah também mencionou o filósofo francês Jean-François Lyotard e a sua ideia central sobre a "queda das grandes narrativas" — conceito fundamental na filosofia pós-moderna. Lyotard argumenta que, ao longo do tempo, as grandes histórias universais, como a ciência, a política e a religião, que antes estruturavam a sociedade e davam sentido às nossas ações e instituições, perderam seu poder de legitimação. Essas "metanarrativas" que nos davam um propósito comum desmoronaram, nos deixando em um mundo mais fragmentado e, tantas vezes, sem rumos claros.

No entanto, parece que tudo está se dissolvendo, flexibilizando, menos o casamento. Apesar do aumento nas taxas de divórcio, das discussões sobre poliamor, relações abertas e novas formas de se conectar, o casamento continua firme. É como se, mesmo que as estruturas ao nosso redor desmoronem, o casamento ainda carregue um peso simbólico que não conseguimos abandonar. Citando o filósofo, Bulamah trouxe uma provocação interessante: "Por que ainda buscamos formar pares, mesmo quando tudo à nossa volta está mudando?"

Acredito que seja porque o casamento se transformou em um marcador de estabilidade em um mundo que é tudo, menos estável; como se, ao encontrar alguém, finalmente estivéssemos nos deparando com um norte em meio ao caos. Por mais que sejamos críticas e desconstrutoras do modelo tradicional, há algo profundamente enraizado em nós que nos faz continuar correndo atrás desse ideal. Há uma ideia persistente de que o amor, por meio do casamento, poderia nos salvar de nós mesmos.

Não à toa, mesmo entre amigas próximas letradas e críticas, o amor romântico, como construção cultural e não como sentimento, ainda surge como uma validação silenciosa, como se ele confirmasse que estamos, finalmente, no caminho certo. Talvez o que estejamos buscando seja a ilusão de pertencimento, a promessa de que, ao final do dia, há alguém ali que nos escolheu. Talvez o casamento continue a ser um ideal não porque acreditemos de verdade nele, mas porque ainda nos oferece um tipo de proteção simbólica em um mundo que já não nos oferece nenhuma.

Meu outro "talvez"— e não os considere excludentes, e sim complementares — é que o casamento como sonho persiste porque, no fundo, depositamos nele o que não conseguimos sustentar em outras partes de nossa existência: uma âncora para a inevitável instabilidade da vida. Ele continua a ser visto como uma marca pessoal de sucesso, um símbolo silencioso da realização de uma fantasia: a de que seremos amados de maneira definitiva, escolhidos, desejáveis para sempre.

Em um mundo onde tudo parece precário — trabalho, moradia, saúde mental —, a ideia de segurança emocional soa irresistível, mesmo que seja só uma ilusão. Mas isso torna tudo ainda mais estranho: por que aceitamos relações que, muitas vezes, reproduzem as mesmas restrições e desigualdades que nos exaurem nas outras áreas da vida?

As mudanças através dos tempos nos mostraram que as mulheres podem, sim, redefinir seus legados sem depender exclusivamente de um casamento. Penso nisso porque, em outra época, nossas avós talvez não tivessem as mesmas opções. Decidir não estar em um casamento poderia significar uma solidão imensa. Hoje, com a expansão das redes de afeto — nas quais amigos e conexões sociais também constroem algo duradouro —, o casamento começa a ser visto mais como uma escolha do que uma obrigação. E é importante deixar claro: isso não significa que o casamento, como instituição, tenha desaparecido. Ele apenas se tornou uma possibilidade entre tantas outras.

Há algo inevitavelmente tragicômico em estar naquela ala das divorciadas nas festas de casamento. Enquanto os demais choram ao som de promessas de eternidade, nossos olhares se encontram, cúmplices. Sorrisos discretos revelam o pensamento que flutua entre nós como uma confidência silenciosa: será que eles sabem onde estão se metendo? Então, desviamos o olhar e, com um leve remorso, desejo o melhor para o casal, com o sentimento agridoce de quem já leu o roteiro e sabe que ele nem sempre entrega o final esperado.

Ainda assim, ciente de tudo, e exilada de minha primeira nação, não descarto a possibilidade de me casar novamente. Pode parecer contraditório — nada novo quando se trata de afeto e desejo —, mas aceito a contradição de reconhecer os fracassos do modelo tradicional enquanto me permito acreditar que o amor pode ser recriado. A aliança que escolho — e escolherei quantas vezes forem necessárias — é aquela em que as tarefas são repartidas de forma justa, as dinâmicas revisadas sempre que preciso, e, com afeto e respeito, os tratados de paz prevalecem sobre qualquer guerra. Esse é o casamento a que eu jamais serei contra.

Mulheres falam sobre amor

Nas festas de aniversário da minha infância, eu, como irmã gêmea, tinha o direito de escolher metade do tema da festa. A outra metade ficava na mão do meu irmão — e a exaustão, na da minha mãe, que fazia de tudo para tornar aquela união possível. Obrigada, mãe. Todo ano, o roteiro se repetia: eu escolhia a princesa do momento, ele escolhia o herói.

No ano em que ele escolheu *Star Wars*, eu escolhi Branca de Neve, a princesa que dormia indefesa até que um beijo sem consentimento a salvou. Quando ele escolheu *Dragon Ball Z*, minha escolha foi *A Bela e a Fera*, a história em que o amor foi capaz de transformar um monstro em príncipe. No ano em que ele escolheu os *Cavaleiros do Zodíaco*, eu escolhi Cinderela, porque, no fim, ser escolhida pelo príncipe era o único bote salva-vidas de uma família tóxica.

Nossas escolhas carregavam o peso do que era pré-determinado para meninos e meninas nos anos 1990. Eles herdaram heróis, ação, poder e controle. Nós herdamos histórias de resgate, vulnerabilidade e transformação pelo amor. O mais frustrante? Perceber como começamos a nos preocupar com relacionamentos desde cedo, enquanto os homens ainda exploravam o mundo sem pressa, sem culpa, sem a sensação de que havia um relógio implacável em contagem regressiva até o momento em que, enfim, o amor viria salvá-los.

A pesquisadora Valeska Zanello nomeou esse paradoxo de forma brilhante: "Os homens aprendem a amar muitas coisas, e as mulheres aprendem a amar os homens." Eles são estimulados a se apaixonar por esportes, desenhos, ciência, política, carros e dinheiro. Nós somos condicionadas a moldar a nossa identidade ao redor do olhar deles.

Meninas são treinadas para fazer do amor um objetivo; meninos, um detalhe. Eles podem querer, mas nunca precisar. Podem desfrutar, mas não planejar. Podem se beneficiar dele, mas nunca construí-lo com a mesma dedicação. Enquanto eles acumulam conquistas como medalhas de masculinidade, nós acumulamos histórias românticas como certificados de valor.

A divisão é clara, embora bem disfarçada. Não é que os homens não sintam — é que a masculinidade hegemônica os ensina que expressar sentimentos é uma vulnerabilidade perigosa, uma ameaça à sua autonomia. Não é que as mulheres sejam mais românticas — é que fomos educadas a ver o amor como um destino, enquanto, para eles, o amor continua sendo uma escolha.

"Mulheres falam sobre amor." É assim que bell hooks abre seu livro *Comunhão*. Desde a infância, aprendemos que amor é coisa de menina. Não surpreende, então, que nos ensinem a medir nosso valor pela capacidade de sermos amadas. hooks, como sempre, acerta e completa dizendo que "não surpreende que, como meninas, como mulheres, aprendamos a nos preocupar, sobretudo, em saber se somos dignas de amor". Mas como vamos nos comunicar com homens que cresceram acreditando que amor é assunto de menina?

Talvez seja por isso que, em tantos relacionamentos, o peso do amor caia quase sempre sobre os ombros das mulheres. Somos nós que perguntamos onde foi parar a paixão, que tentamos salvar diálogos em ruínas, que nos sentimos responsáveis por sustentar a conexão. Enquanto isso, muitos homens seguem carregando a crença de que sua presença já deveria ser suficiente, de que demonstrar amor é algo opcional, um gesto extraordinário em vez de um cuidado constante. Se fomos ensinadas a buscar o amor como uma missão, eles foram ensinados a tratá-lo como um acessório — algo que pode ou não fazer parte da sua história, mas nunca um elemento que os define.

Meninas levam emoção, meninos levam razão. Essa é a lógica invisível que estrutura, desde cedo, essa festinha afetiva desigual. A separação entre sentir e pensar não é só uma questão filosófica, ela está tatuada na nossa história, estruturando o mundo como uma equação que, como explica Francine Tavares, vem de longe. "Desde a Grécia Antiga, razão e emoção foram colocadas em disputa, mas foi na modernidade que esse abismo se ampliou. Com a revolução científica e o paradigma cartesiano, a razão foi elevada ao centro do saber, enquanto tudo que era emocional foi rebaixado."

É assim que surge a ideia de que quem age com a emoção se descontrolou e quem age com a razão agiu corretamente. Como se fosse realmente possível isolar um do outro em momentos de decisões importantes na nossa vida. Como se fosse possível amar sem sentir ou escolher sem desejar.

Só que essa separação não ficou restrita à teoria. Aos poucos, ela escorreu para todas as camadas da cultura, especialmente para as relações. O amor, um campo emocional que define nossas relações mais profundas, foi progressivamente designado às mulheres. Em contrapartida, a razão, considerada mais "nobre" e "objetiva", ficou reservada aos homens. O resultado foi uma divisão que não apenas hierarquizou os sentimentos, mas também criou um mundo onde amar virou sinônimo de fraqueza.

O efeito dessa construção ultrapassou o comportamento individual e chegou à própria percepção cultural do amor. No final do século XIX e início do XX, com a urbanização e a alfabetização de mais mulheres, os romances sentimentais explodiram. Francine diz que, à medida que esses romances se popularizaram, ainda mais entre o público feminino, o amor perdeu prestígio. O que antes era um tema elevado e filosófico passou a ser tratado como entretenimento trivial, algo para "ocupar o tempo" de mulheres que, na época, estavam fora do mercado de trabalho.

É sempre assim. O amor, antes visto como uma questão grandiosa, profunda e digna de análise, foi reduzido ao supérfluo. Porque tudo o que é feminino é tratado como menor.

Culturalmente, fica nítido como essas narrativas foram reforçadas ao longo do tempo. Basta olhar para as revistas femininas de dez ou quinze anos atrás — ou mesmo de décadas anteriores. As pautas direcionadas às mulheres giravam em torno de "como melhorar seu relacionamento", com guias detalhados sobre como ser uma esposa melhor, mais compreensiva e mais eficiente. Enquanto isso, os conteúdos voltados para os homens eram essencialmente visuais: uma mulher nua, o entretenimento puro e simples. Não se discutia como um homem poderia ser um parceiro melhor ou como deveria contribuir para o casamento.

Francine dá um exemplo fascinante de sua pesquisa sobre a revista *Cláudia*, o veículo feminino mais antigo do Brasil, analisado por ela entre os anos 1960 e 2018. "Foi ali que percebi como o discurso do amor saudável emergiu. Especialmente na virada dos anos 2000, com matérias que descreviam o perfil da mulher moderna, a 'mulher neoliberada'." Esse termo, usado muitas vezes pela revista, é também o título de seu livro *O amor saudável e a invenção da mulher neoliberada*, e revela a forma como os ideais femininos foram reconfigurados para atender às novas exigências do século XXI. O que parecia ser um avanço — a mulher que tem autonomia, que equilibra carreira, família e amor —, na verdade, era apenas mais uma camada de pressão. A mulher neoliberada é descomplicada, autossuficiente e não exige muito, vendendo a ideia de que ela conquistou tudo simplesmente por aprender a não desejar demais.

Mas há algo de familiar nessa história. Sempre que as mulheres avançam, a cultura dá um jeito de criar novas expectativas para garantir que, no fim das contas, continuemos administráveis. Se antes o ideal feminino estava restrito ao lar, agora ele se expande para todos os aspectos da vida, mas sem perder sua função disciplinadora. A mulher neoliberada pode ser tudo — desde que seja eficiente, desejável e emocionalmente equilibrada. Não basta ser independente; é preciso ser inabalável.

É uma herança sutil, mas visível. A ideia de que mulheres "querem relacionamento" e homens "querem apenas sexo" é uma caricatura que veio desse passado. Uma forma de reforçar a associação entre mulher e emoção, como se estivéssemos destinadas à conexão, enquanto os homens ficariam com a racionalidade. Mas essa não é apenas uma crença ultrapassada — é uma narrativa que ainda molda expectativas e justificativas no presente. Se um homem se afasta, é porque "não quer nada sério". Se uma mulher insiste, é porque "se apega rápido demais". Se ele não se envolve, está respeitando seus próprios limites; se ela faz o mesmo, está se fechando para o amor. É um jogo onde as regras mudam conforme o gênero de quem está jogando.

O amor, que já foi a maior missão da vida de uma mulher, agora precisa ser gerenciado como um projeto pessoal. Não basta amar, é preciso saber amar *do jeito certo*. A mulher neoliberada não pode apenas sentir — ela precisa otimizar. Seu sofrimento deve ser silencioso, seu desejo deve ser moderado, sua autonomia deve ser flexível. Ela pode até se permitir vulnerabilidades, mas com prazo de validade e sem atrapalhar seu desempenho impecável nas outras áreas da vida. Afinal, não há mais espaço para desespero amoroso quando se tem metas para bater, um corpo para manter, uma saúde mental para gerenciar e uma autoestima para alimentar. O ideal da mulher equilibrada transformou tudo — até o amor — em um empreendimento pessoal.

E se, no passado, sofrer por amor era quase um destino inevitável, agora se tornou um fracasso individual. Francine chamou isso de "a economia moral do sofrimento amoroso", uma expressão precisa para descrever o paradoxo em que nos encontramos. Porque, mesmo que o sofrimento não desapareça, ele é negado, empurrado para as margens da subjetividade. Só que, como Francine pontuou, "nessa negação, a gente sofre porque está sofrendo e sofre porque não deveria sofrer." Um duplo confinamento que paralisa e culpabiliza ao mesmo tempo.

A mulher neoliberada pode até sentir dor, mas jamais deve demonstrá-la de forma que comprometa sua imagem de autossuficiência. Se sofre, precisa sofrer *com discrição*, de forma produtiva, transformando cada ferida em um aprendizado edificante. Não há espaço para o colapso, apenas para a resiliência. Sua tristeza precisa ser inspiracional, estrategicamente convertida em postagens sobre amadurecimento emocional. Ela pode se permitir sofrer — mas apenas se for *bonito* de se ver.

Esse ciclo é a grande armadilha da mulher neoliberada. Ela precisa dar conta de tudo: do trabalho, do corpo, da felicidade e, claro, do amor.

Mas sem alarde. Sem queixas. Sofrer, mas de forma discreta. Francine descreve isso com genialidade: "A mulher funciona como uma empresinha, gerindo seus próprios recursos emocionais, suas dores, seus problemas. Ela é neoliberada e poderosa, mas, ao mesmo tempo, precisa ser impecável. Quando algo dá errado, a responsabilidade é exclusivamente dela." Não há margem para a vulnerabilidade descontrolada. Tudo deve ser administrado com precisão cirúrgica.

A hierarquia que damos ao amor romântico não é apenas cultural, ela é um dispositivo de controle. Como Valeska Zanello explica, a validação da mulher na sociedade passa por um critério muito específico: ser escolhida. Desde cedo, tudo ao nosso redor nos convence de que nossa maior realização não está em quem somos, mas no fato de alguém nos desejar. Se formos queridas o suficiente, desejáveis o suficiente, boas o suficiente, talvez sejamos recompensadas com o título de "a mulher da vida de alguém".

Mas o que acontece quando essa escolha não vem? Ou pior: quando vem, mas não traz a segurança prometida? O amor é vendido como um passaporte para a completude, mas, para muitas mulheres, se transforma em um estado de eterna ansiedade. Quem já foi escolhida teme ser substituída. Quem ainda não foi se sente inadequada. E quem decide sair do jogo percebe que nunca teve permissão para jogar de verdade.

Valeska passou treze anos investigando as interações entre saúde mental e gênero, e chegou a uma conclusão: mulheres e homens são socializados sob dispositivos diferentes. Enquanto os homens são ensinados a medir seu valor pelo dispositivo da eficácia — ou seja, pelo que conquistam, produzem e acumulam —, as mulheres são educadas sob o dispositivo amoroso e o dispositivo materno. E é no amor que essa assimetria se torna mais perversa.

No dispositivo amoroso, a autoestima feminina não é construída a partir do que a mulher faz ou do que deseja para si, mas pelo olhar do outro. A validação vem de fora. O resultado? Passamos a vida inteira nos moldando para sermos desejáveis, para sermos "a escolhida", para ouvirmos aquela frase que aciona um botão invisível e viciante: "Você é diferente". A promessa do amor sempre vem acompanhada de uma exigência: seja única. Mas dentro dos parâmetros estabelecidos por eles.

Para ilustrar essa lógica, Valeska criou uma metáfora: a prateleira do amor. Mulheres estão organizadas nessa prateleira conforme um padrão de desejabilidade. Um padrão que não é fixo, que muda ao longo da história — e, hoje, está diretamente associado à juventude, ao corpo magro e ao fenótipo europeu. Quanto mais distante desse ideal, pior a posição na prateleira. Isso significa maiores chances de ser preterida, invisibilizada, objetificada ou desumanizada.

O problema é que quem determina a posição das mulheres nessa prateleira não somos nós, mas eles. O valor de uma mulher é constantemente avaliado sob critérios que ela mesma não escolheu, mas dos quais não pode escapar. Valeska afirma que os homens avaliam as mulheres tanto física quanto moralmente — muitas vezes, os mesmos homens que tiveram inúmeras parceiras se sentem no direito de dizer que "uma mulher com passado não serve para namorar". O critério nunca é sobre o caráter ou a experiência real daquela mulher, mas sobre como ela se encaixa no imaginário masculino sobre o que deve ou não ser permitido a ela.

Os homens, por sua vez, não são avaliados pelas mulheres da mesma maneira. A masculinidade de um homem é julgada por outros homens, nos espaços masculinos. É por isso que um homem pode passar anos traindo sua parceira e ainda ser visto como "boa pessoa", enquanto uma mulher que trai uma única vez é logo rotulada como imperdoável. A reputação feminina é um campo minado no qual cada passo em falso pode custar seu lugar na prateleira. A masculina, por outro lado, é construída sobre a lógica da conivência. O que se espera de um homem nunca é perfeição, apenas que ele cumpra o pacto de seus pares.

Mas essa desigualdade vai além das regras não ditas da fidelidade. Ela molda a maneira como encaramos o amor e o que esperamos dele. As mulheres foram ensinadas que o amor é um trabalho e que esse trabalho é nosso por direito. Desde cedo, ouvimos que devemos *fazer o amor dar certo*, como se sustentar um relacionamento fosse um mérito exclusivamente feminino. Aprendemos que insistir, suportar, compreender e até mesmo perdoar traições faz parte do processo, enquanto os homens são ensinados a apenas *estar* em um relacionamento, sem precisar construí-lo ativamente.

A prateleira do amor não serve apenas para organizar nossas prioridades. Ela nos aliena de outras possibilidades de vida. Reduzimos nossas escolhas à mesma narrativa de sempre: ser escolhida. Enquanto o mundo ao nosso redor segue vibrante, cheio de outras coisas que poderíamos amar — trabalhos, amizades, hobbies, comunidades —, seguimos presas à ideia de que, se não formos desejadas, falhamos. Como se nossa existência precisasse de um selo de validação que só o amor romântico poderia conceder.

O mais cruel dessa equação é que, mesmo quando seguimos todas as regras, não há garantias. O investimento emocional que nos ensinaram a fazer raramente retorna na mesma medida. Valeska resume essa dinâmica cruel com precisão: "Nós damos cem por cento, enquanto eles dão dez por cento". Investimos tudo em um sistema que nunca nos tratou como iguais. E quando isso falha — porque invariavelmente falha —, a culpa recai sobre nós. Somos vistas como insuficientes, incapazes de sustentar o amor.

A prateleira do amor tem uma perversidade em especial: nenhuma posição nela é fixa. Seu lugar não é garantido. Se a mulher engorda, desce alguns degraus. Se emagrece, talvez suba por algum tempo, mas nunca ficará no topo, afinal, mulheres naturalmente magras sempre vencem. Se for negra, nunca esteve e nunca estará nas prateleiras mais altas. Ao envelhecer — sempre preferível à outra alternativa —, escorrega aos poucos para o fundo, dia após dia, mesmo que demore a perceber. Como um móvel que se desgasta com o tempo, só nos damos conta de que fomos descartadas quando já fomos empurradas para as fileiras lá de trás. Nosso valor vai sendo corroído aos poucos, porque, no fim, a única certeza da prateleira é esta: envelhecemos.

Toda essa tentativa de adaptação e evolução para nos mantermos desejáveis faz com que nos tornemos "amor-centradas." E, quando isso acontece, a conquista de um relacionamento passa a ocupar um lugar desproporcional em nossa vida — tão grande que outras conquistas, como uma realização profissional, uma amizade fortalecida ou até mesmo um momento de prazer individual, parecem menores, insuficientes, quase paliativas diante do verdadeiro troféu: ser escolhida.

A régua da exigência feminina vai diminuindo não porque nossas expectativas mudam naturalmente, mas porque o dispositivo amoroso nos ensina desde cedo que ser desejada é sinônimo de validação. E quando essa validação começa a se tornar escassa — seja pelo avanço da idade, pela mudança nos padrões de beleza ou pela maneira como a sociedade define o que é desejável —, aprendemos a negociar com menos. Se antes o amor era um destino, agora ele se torna uma barganha. O que antes parecia inaceitável agora parece razoável porque ser desejada se tornou um prêmio, não um critério.

É assim que a régua da exigência vai baixando. Não porque passamos a desejar menos, mas porque aprendemos que, para continuar no jogo, precisamos abrir mão de parte do que realmente queremos. Afinal, se o nosso valor está atrelado ao olhar do outro, e esse olhar passa a nos enxergar com menos entusiasmo, é natural que a régua ceda para que possamos nos manter desejáveis por mais tempo. Enquanto isso, para os homens, o desejo segue como um território de acúmulo: o tempo passa e eles ganham prestígio, poder e confiança. Enquanto somos empurradas para essa borda invisível, eles continuam no jogo — muitas vezes sem nem sequer perceber as regras que os favorecem.

É aí que entra, na minha opinião, a pior amostragem de homens hoje em dia: aqueles entre 38 e 49 anos que nunca foram especialmente bonitos na juventude, mas que agora, com a régua da exigência feminina mais baixa, vivem uma constrangedora adolescência tardia.

Não é difícil identificá-los: são os que, de repente, despertam o interesse de mulheres que, anos antes, jamais olhariam para eles. Não porque amadureceram, mas porque a dinâmica do desejo mudou a favor deles. São os que desconhecem responsabilidade emocional, mandam emojis cafonas no Instagram e circulam pelo mercado afetivo como se tivessem acabado de descobrir seu potencial — agora, com a vantagem do tempo ao lado deles.

A antropóloga e feminista argentina Rita Segato chama isso de "pedagogia da crueldade": os homens crescem aprendendo que sua desejabilidade está garantida pelo simples fato de existirem, enquanto as mulheres são ensinadas a brigar pelos restos do desejo masculino. Não é apenas uma questão de gosto ou atração individual — trata-se de um sistema em que o valor masculino se preserva com o tempo, enquanto o feminino é condicionado a um prazo de validade.

É por isso que um homem de 40 anos que nunca foi considerado atraente na juventude pode seguir intocado e ainda assim se beneficiar de um mercado afetivo que favorece a masculinidade madura. Enquanto isso, as mulheres aprendem que, para continuarem sendo vistas, precisam se reinventar o tempo todo — fisicamente, emocionalmente, profissionalmente —, num jogo que sempre as coloca em desvantagem. No fim, o efeito Benjamin Button afetivo deles é sustentado pela urgência da nossa maturidade.

A questão vai além das relações amorosas. A centralidade do amor molda não só como vivemos, mas como priorizamos e medimos o sucesso — e nem sempre de maneira óbvia. Ela se infiltra nas rotinas mais banais, inclusive na vida de quem se diz feliz solteira. Está na ansiedade por DMs não respondidas, no cálculo mental de há quanto tempo não transa, na obsessão pelo próximo date, como se o desejo de ser desejada fosse uma métrica de valor pessoal.

A crença no amor continua sendo o eixo em torno do qual orbitamos, mesmo quando acreditamos que não estamos mais em sua órbita.

Confesso que só percebi o quanto as dinâmicas amorosas atuais funcionam dessa forma quando, já divorciada, comecei um "quase algo". Eu estava em meio a uma gravação, entrevistando alguém cuja presença era um sonho sendo realizado — uma pessoa que exigia de mim total atenção para conduzir a conversa com profundidade. E, ainda assim, eu só conseguia pensar se meu "quase algo" tinha sofrido um terrível acidente, se eu deveria começar a ligar para os hospitais, já que ele não me respondia havia mais de 12 horas. Se você sabe sobre qual entrevista estou falando, acho que o patriarcado venceu.

Os relacionamentos amorosos fazem parte da vida, mas não deveriam ser o centro dela — pelo menos, não o tempo todo. A centralidade pode acontecer, e tudo bem, muito pior é nos sentirmos obrigadas a disfarçar a importância dos relacionamentos na nossa vida com o temor de sermos acusadas de "viver para o outro". Um exemplo: uma grande amiga decidiu mudar de cidade para morar com o namorado em São Paulo (ela é de Porto Alegre, caso você goste de detalhes). Mas sempre que comenta sobre a mudança para conhecidas, mesmo sem intimidade, se apressa em justificar que está fazendo isso cem por cento pela carreira. Já entendeu o motivo? Porque, nas primeiras vezes em que contou a verdade, notou olhares enviesados e ouviu um "olha ela indo atrás de macho!".

Mesmo quando rejeitamos e/ou ironizamos o romantismo tradicional, o amor ainda pode ser a régua que mede nossas escolhas — mesmo que seja para negá-lo. A recusa ao amor romântico muitas vezes não é libertação, mas apenas uma nova forma de girar em torno dele. Em vez de quererem ser escolhidas, algumas mulheres passam a se orgulhar de não precisar de ninguém, de serem emocionalmente inatingíveis, de não demonstrarem interesse. Mas o que parece independência pode, em alguns casos, ser apenas uma resposta direta à mesma lógica que antes nos prendia. Ainda estamos nos definindo pelo amor, só que agora pela negação dele.

O filósofo e antropólogo argentino Walter Mignolo nos lembra que a ideia de que o amor precisa ser o centro da vida é uma construção da modernidade ocidental. Sociedades indígenas, africanas e quilombolas sempre conceberam o afeto como algo comunitário, como parte de uma rede de relações, não como um eixo que determina o valor de uma única pessoa. Descentralizar o amor não significa rejeitá-lo, mas colocá-lo ao lado de outras formas de pertencimento, para que ele não seja a nossa única forma de validação.

Será que não somos capazes de construir um equilíbrio em que admitimos o tamanho que o amor ocupa na nossa vida sem precisar disfarçar? Sem fingir que ele não importa quando claramente importa, ou sem deixá-lo nos engolir a ponto de perdermos a autonomia? Eu gosto de acreditar que sim.

O desafio é não cair em mais uma das armadilhas invisíveis que moldam o que é aceitável para as mulheres. Essa mesma sociedade que exalta a magreza por todos os meios possíveis, mas que, culturalmente, tornou vergonhoso admitir que estamos tentando emagrecer. Por isso, muitas mulheres — incluindo várias influenciadoras — afirmam que se matar de fazer exercício e comer como um passarinho é sobre bem-estar, saúde mental ou elevação espiritual, quando, na verdade, muitas vezes, é sobre Ozempic mesmo. Da mesma forma, o amor continua sendo visto como a maior realização feminina aos olhos da sociedade, mas tornou-se quase um tabu admitir que se está em busca de um relacionamento sério. É preciso ser uma mulher "de boa".

O amor foi nossa primeira lição e nossa primeira armadilha. Crescemos ouvindo que ele era um destino, mas nunca nos ensinaram a questionar o caminho. Enquanto nos preparamos para amar, os homens aprenderam a conquistar. Enquanto nos moldamos para sermos escolhidas, os homens seguiram acreditando que a escolha sempre seria deles.

Amor como promessa

Nos prometeram que o amor chegaria. Disseram que era um destino certo, uma promessa inevitável, um capítulo garantido na nossa história. E, mais do que isso, o amor sempre esteve na maior gaveta do nosso armário. Porque foi assim que nos ensinaram a organizar a vida: uma gaveta para a carreira, outra para os amigos, mais uma para a família, outra para a saúde e outra para os hobbies. Mas a maior gaveta, a que ocupa mais espaço, a que abrimos e fechamos com mais expectativa, sempre foi a do amor. Talvez o amor não chegue para todo mundo, assim como uma carreira de sucesso, um grande grupo de amigos, um hobby que te tira da cama antes do sol nascer ou uma família que não te faça sair gritando no fim do almoço de domingo.

Se o amor tem importância maior, então todo o restante é menor. A única forma de lidarmos de maneira mais humana com a possibilidade de não encontrar um grande amor e ver na vida de solteira um lugar pleno, não transitório; é repensar a centralidade do amor em nossa vida. E se o amor tivesse o mesmo tamanho de qualquer outra coisa que nos faz sentir vivas? Talvez assim perceberíamos que a vida já está cheia, e o que realmente falta não é um grande amor, mas a liberdade de acreditar que ele é só mais uma gaveta, e não o móvel inteiro.

Falo por experiência própria: ninguém nos prepara para a decepção e o vazio que surgem quando enfim conquistamos o nosso "felizes para sempre", mas nos sentimos mais infelizes do que nunca. O final feliz é um conceito de roteiro, não de vida real. Porque quando crescemos ouvindo que tudo de que precisamos é encontrar a pessoa certa, acreditamos que, depois disso, a felicidade será automática. Mas o que acontece quando tudo está no lugar — o relacionamento, o compromisso, o cotidiano a dois — e, mesmo assim, sentimos um buraco onde deveria estar essa tal plenitude?

O peso da promessa não desaparece quando nos casamos; na verdade, muitas vezes ele só se modifica, assumindo a forma de uma nova ansiedade: agora que estou aqui, por que ainda não sou completamente feliz? Agora que fiz tudo certo, por que ainda sinto que falta alguma coisa?

Confesso que o alívio que senti quando enfim encarei a realidade do que estava vivendo e me divorciei foi um tanto inesperado. Em teoria, aquilo deveria ser o maior fracasso da minha vida, e, no entanto, foi o momento em que me senti mais livre. Foi então que percebi que o peso que saiu das minhas costas veio do fato de eu já ter dado o tão esperado "check". Eu já havia provado que era capaz de viver um grande amor, de cumprir o roteiro, de chegar lá. E, livre dessa expectativa, pude enfim viver a minha vida sem a pergunta sufocante: "Quando vai acontecer comigo?"

Não foi à toa que, depois do divórcio, eu me tornei uma mulher muito mais feliz e muito menos ansiosa do que era quando estava solteira, na faixa dos 20 anos. Porque o amor, de alguma forma, já tinha sido testado e desmistificado. Perceber isso foi um alívio muito maior do que qualquer "final feliz" que me venderam.

Eu não sabia que grande parte da minha infelicidade quando estava solteira aos 20 era fruto da ansiedade — que, claro, é típica dessa fase —, mas também da angústia constante: o amor vai chegar pra mim? Mesmo que silenciosa, essa pergunta era persistente. Como se o tempo estivesse passando e eu precisasse de provas concretas de que, sim, ele viria. Como se estar solteira fosse um estágio temporário e desconfortável, e não um estado legítimo da vida. O amor me preocupava não porque eu sentia falta dele, mas porque me ensinaram a temer sua ausência. E esse medo não era só meu.

Esse medo está entranhado na maneira como falamos sobre o amor, como um destino inevitável, nunca como uma possibilidade entre tantas outras. Enquanto continuar sendo vendido como a chave da realização pessoal, seguirá sendo a única decepção que ninguém quer enfrentar. Uma derrota que pesa tanto para quem nunca encontrou um grande amor quanto para quem já encontrou e talvez precise admitir que não foi suficiente.

Porque, afinal, se o amor é a maior gaveta da vida, a peça principal do quebra-cabeça, a grande recompensa no fim do jogo, então o fim da relação não é só colocar o ponto final em um capítulo, mas desorganizar toda a estrutura que nos disseram ser essencial. É por isso que tantas mulheres continuam em relações que não fazem mais sentido. Não porque ainda acreditam no amor, mas porque têm medo do que significa abrir mão dele.

A alternativa parece insuportável: o que acontece quando você sai de um relacionamento e percebe que, na visão da sociedade, o que sobra não é um novo começo, mas a percepção de que você falhou?

É como se a existência fora de um relacionamento fosse uma pausa incômoda, um estágio transitório que precisa ser resolvido. E quando acreditamos nisso, quando esse medo se infiltra nas decisões mais íntimas, acabamos convencidas de que qualquer amor é melhor do que amor nenhum — um pensamento que, historicamente, sempre serviu muito mais aos homens do que às mulheres.

O medo de terminar uma relação não vem apenas da dor de uma separação. Ele evidencia o papel central e absoluto que o amor desempenha na nossa identidade. Um negócio que não dá certo, uma carreira que não decola, uma amizade que se dissolve e até mesmo uma demissão — tudo isso é visto como parte da experiência, algo natural da vida, com espaço para recomeços. Mas e um casamento que acaba? Até hoje, o fim de um casamento vem acompanhado de uma pergunta sussurrada: o que deu errado? Como se amar fosse uma habilidade que, se bem executada, só pudesse levar a um único resultado: a permanência.

Talvez por isso tantas de nós decidam ficar. Porque o fracasso de uma relação não é visto como um fato, mas como um sintoma de que algo faltou — paciência, compreensão, sacrifício, resiliência. "Ruim com ele, pior sem ele", dizem, como se a solidão fosse um castigo, não um espaço de liberdade. Como se uma mulher sozinha fosse, por definição, uma mulher que falhou. Quando esse medo se dissolve, quando percebemos que há vida — e muita — fora desse roteiro, o que antes parecia um fracasso começa a parecer outra coisa. Começa a parecer liberdade.

Eu entendi que o amor não era um destino fixo quando percebi que meu armário estava cheio de outras gavetas que nunca tinham recebido a mesma atenção. E é aqui que uma das minhas frases favoritas se encaixa: para cada lugar de que a gente se despede, tem outro fazendo festa pra nos receber. Talvez não seja uma festa de casamento, mas quem sabe não é uma festa com amigos que te ensinam sobre amor, sua família que te ama e faria tudo por você ou uma carreira que te dá orgulho. Porque terminar um relacionamento não é abrir mão de parte da sua existência, é abrir espaço para tudo que ainda pode existir.

Não serei leviana a ponto de sugerir que, agora, depois de anos de condicionamento e herança histórica, você simplesmente aperte um botão e faça com que a centralidade do amor se dissolva da sua vida. Sei que não é assim. Mas te convido a um exercício. Imagine, por um momento, que o amor não precisa mais ser o ponto de chegada, que a sua vida não depende de um grande romance para ser plena. Pense no que você já construiu até aqui: as amizades que alimentam sua alma, os projetos pessoais que você ama, a satisfação de um hobby que lhe dá propósito, e até a tranquilidade encontrada no seu próprio espaço. Se o amor não fosse a maior gaveta, você começaria a perceber que a vida tem muitos outros compartimentos, igualmente significativos e cheios de potencial.

Agora, vamos com calma. Um bom ponto de partida talvez seja observar como os homens lidam com o amor. Os homens não carregam o peso da centralidade do amor como nós, mulheres. Para eles, o amor é uma experiência possível, não um destino inescapável. Os homens crescem sem a angústia de provar que são dignos de serem escolhidos. Enquanto aprendemos que a solidão é um castigo, para eles, é apenas um intervalo.

E não me entenda mal, não estou dizendo que o amor não tem valor ou que a solteirice deve ser romantizada como um fim glorioso. O que proponho é que, em vez de colocar o amor como a última peça de um quebra-cabeça, esperando que complete a nossa vida, possamos deixá-lo ocupar apenas um espaço no armário — um entre muitos. Porque, no fim, a vida não é só sobre encontrar alguém para amar.

A vida é sobre se permitir ser plena em todas as outras gavetas que você preenche, e, se por acaso o amor aparecer, que ele seja bem-vindo, mas sem o peso de ser o único responsável pela sua felicidade. Afinal, não é a falta de um grande amor que define a nossa existência, mas o que fazemos com todos os outros amores — aquele que damos a nós mesmas, o que encontramos nos amigos e nas nossas próprias paixões.

Desafiar essa hierarquia é questionar a ideia de que o amor romântico deve ser a base de nossa vida. É reconhecer que amizades profundas, coletivos de apoio e parcerias não necessariamente românticas são igualmente dignos de nosso tempo e energia. É redistribuir a importância que damos às diferentes relações que nos constroem e, talvez mais importante, libertar o amor romântico de uma carga que ele não foi projetado para carregar sozinho. Quando o colocamos no topo dessa pirâmide, não apenas restringimos nossas possibilidades, mas também tornamos o amor um peso, e não uma escolha.

O que está em jogo aqui não é apenas o amor romântico, mas a forma como nos ensinaram a construir nossa existência ao redor dele. A promessa de que o amor viria, de que seríamos escolhidas, e que a felicidade estaria nessa escolha. O amor foi vendido como um destino certo, uma conquista inevitável, um sentido que nos salvaria da solidão e da dúvida. Mas o que acontece quando essa promessa falha? Quando seguimos todas as regras e, ainda assim, sentimos um vazio? Quando encontramos alguém, mas a vida continua cheia de ausências?

Nos fizeram acreditar que o amor era o que nos tornava inteiras. Mas e se estivermos inteiras desde sempre? Como diz a poeta Audre Lorde, "não sou livre enquanto outra mulher for prisioneira, mesmo que suas correntes sejam diferentes das minhas". O amor não pode ser uma corrente que nos prende à espera, enquanto a vida acontece longe da nossa vontade.

Se a promessa do amor era o que nos mantinha esperando, talvez seja hora de parar de esperar. Não porque viver uma paixão não seja deliciosamente extraordinário, mas porque o amor não pode ser um destino que nos distrai da própria vida. Não porque o fim de um relacionamento não acompanhe dor, mas porque a maior perda seria viver uma vida inteira esperando pelo que sempre esteve em nós.

A fábrica de expectativas

Não lembro exatamente o nome do filme, mas a história é mais ou menos assim: uma mulher apressada sai correndo do metrô e deixa cair seus livros. Quem a ajuda a pegá-los é um homem solícito, charmoso, o completo oposto da energia caótica que ela estava exalando. No dia seguinte, eles se esbarram de novo, e ele finalmente toma coragem para convidá-la para jantar. Em questão de pouco tempo, eles estão completamente entregues. Mas, ao longo desse começo de uma possível relação, ela recebe uma proposta de trabalho irrecusável em outra cidade. Nosso casal precisa tomar uma decisão. Então, ele faz um discurso apaixonado naquela mesma linha de metrô, todos aplaudem e, a partir dali, ela abre mão da mudança para viver essa história de amor.

Você já assistiu também, né? É que eu não estou descrevendo um filme que realmente existe (acho). Estou descrevendo mais de um milhão de filmes que seguem a mesma fórmula. Primeiro, o encontro casual — um tropeço em uma livraria, um olhar em uma estação de trem. Depois, o conflito — diferenças sociais, um ex-namorado, uma guerra. E, por fim, o clímax emocional — um discurso apaixonado no aeroporto, uma corrida sob a chuva. A variação é mínima: cenário, diálogos, trilha sonora. Mas a promessa é sempre a mesma: o amor está sempre a uma estação de distância, ele vale qualquer sacrifício, e o final feliz só é feliz se nos convencer de que o que vem depois dos créditos não importa.

(Por sinal, eu aposto que minha protagonista imaginária ficaria frustrada por não ter aceitado a proposta de emprego na primeira vez em que seu príncipe dissesse "se você quer que eu ajude mais em casa é só pedir, ué".)

Mas nem sempre foi assim. Antes do século XX, o amor raramente terminava bem nas histórias. Shakespeare matou Romeu e Julieta, Flaubert destruiu Emma Bovary e até os contos de fadas não tinham tanta pressa em garantir finais felizes. Mas algo mudou, e mudou rápido. De repente, o amor passou a ter um desfecho obrigatório: o casamento, a redenção, a felicidade eterna. Não foi um acaso narrativo, mas um projeto bem planejado.

Hollywood percebeu cedo que histórias de amor vendiam. E mais do que contar histórias, reescreveu suas regras. Enquanto a literatura permitia finais ambíguos ou trágicos, o cinema comercial dos anos 1930-1950, considerado a "Era de Ouro de Hollywood", apostou em resoluções redentoras. Era uma combinação de moralidade, marketing e escapismo.

Não era só uma questão de fórmula narrativa, havia também um filtro moral. Sob o Código Hays, um conjunto de regras rígidas determinava o que podia (e, principalmente, o que não podia) ser mostrado nas telas. A sexualidade feminina precisava ser domesticada, o casamento era o único destino aceitável para uma mulher decente e qualquer alternativa a essa narrativa era apagada ou punida. Como Betty Friedan, uma das figuras mais influentes do movimento feminista nos Estados Unidos, escreveu em *A mística feminina* (livro que recomendo fortemente, caso ainda não tenha lido): "O sonho da casa perfeita aprisionou as mulheres em uma falsa ideia de felicidade".

Isso significava que o desejo feminino precisava ser disfarçado, empurrado para as entrelinhas. O simples ato de flertar fora de um relacionamento sério podia ser suficiente para transformar uma personagem de heroína em antagonista. Protagonistas "puras" eram recompensadas com o amor, enquanto as que ousavam desviar da norma — sedutoras, adúlteras, mulheres ambiciosas — acabavam relegadas à morte, à loucura ou à solidão. Até o divórcio, quando aparecia nas telas, era tratado como um fracasso irreparável, um erro a ser expiado.

As atrizes também sentiram na pele essas restrições. No auge do Código Hays, muitas estrelas de Hollywood tiveram que encarnar fora das telas o mesmo ideal que interpretavam em seus papéis. Ingrid Bergman foi alvo de escândalo público quando engravidou de Roberto Rossellini sem estar casada, resultando em um exílio involuntário de Hollywood. Joan Crawford, que antes do código era conhecida por papéis ousados, viu sua imagem reformulada e transformada na de uma mulher sofredora e moralmente redimida. Até Marilyn Monroe, que virou um dos maiores símbolos de desejo da época, teve sua sexualidade moldada sob a lente da inocência — suas personagens podiam ser sedutoras, mas sempre de um jeito ingênuo, infantilizado, um desejo que sirva aos outros, nunca a elas mesmas.

Um umbigo à mostra? Censurado. Mulheres expressando desejo sem que isso levasse ao casamento? Eliminadas do roteiro ou punidas com finais infelizes. Se uma personagem cometesse adultério, o mínimo aceitável era um arrependimento dramático ou uma punição exemplar — como Stella Dallas, personagem do romance homônimo de Olive Higgins Prouty. Stella perde o direito de estar na vida da filha por querer conciliar diversão com a vida matrimonial.

O Código Hays não apenas restringiu o que podia ser mostrado no cinema, mas definiu quais tipos de mulheres podiam existir na tela. As protagonistas aceitáveis precisavam se encaixar em dois arquétipos: as "boas", doces, discretas, sempre dispostas a se sacrificar por um amor, e as "desviantes", que eram punidas com solidão, tragédia ou morte.

Algumas histórias, inclusive, foram reescritas para se encaixar nas normas da época. Um exemplo quase cômico é *Baby Face*, estrelado por Barbara Stanwyck. No roteiro original, Lily é uma mulher que usa sua sexualidade para subir na vida sem culpa ou desculpas. Quando o filme foi relançado, em 1935, a solução foi dar a Lily um guia espiritual: um bibliotecário paternal que surge para lembrá-la de que a verdadeira felicidade não está na riqueza ou no poder, mas em encontrar um homem decente e viver uma vida moralmente aceitável. No fim da nova versão, Lily devolve tudo o que conquistou e se contenta com um casamento simples — porque nada como um anel no dedo para apagar qualquer traço de rebeldia feminina.

Como Hollywood não podia fingir que certos desejos não existiam, a solução era dar a eles um outro significado. Em *Rebecca*, por exemplo, a obsessão da Sra. Danvers pela falecida Rebecca fica no ar, mas nunca é dita em voz alta. *Gata em teto de zinco quente*, adaptação da peça de Tennessee Williams, é outro caso clássico. No texto original, Brick lida com sua possível homossexualidade e sua relação mal resolvida com o amigo Skipper, mas a versão cinematográfica encontrou uma maneira de contornar esse detalhe: simplesmente apagando-o. Brick não tem mais um dilema existencial, só uma "falta de comunicação" com a esposa Maggie, interpretada por Elizabeth Taylor. No fim, a tensão entre os dois se dissolve em uma reconciliação que não faz muito sentido, mas atendia às exigências do Código Hays.

O importante não era contar boas histórias, mas garantir que ninguém saísse do cinema achando que o desejo podia ser livre. E deu certo.

Finais felizes não eram apenas os favoritos, eles eram exigidos. O público, ainda traumatizado por tempos difíceis, buscava refúgio em histórias otimistas, e o cinema soube capitalizar essa necessidade. O amor deixou de ser um fenômeno humano cheio de nuances para se tornar um roteiro previsível: o casal enfrenta obstáculos, supera desafios e, se tudo der certo, chega ao casamento como uma espécie de apoteose emocional.

Não bastava que o casal ficasse junto; era preciso que o amor seguisse uma lógica de recompensa, em que qualquer escolha fora desse caminho soava como derrota. Se a mocinha escolhesse a carreira em vez do casamento, era punida com a infelicidade. Se ousasse viver sua sexualidade, pagava um preço. Se uma mulher estava sozinha, não era por escolha, mas por falha. O amor, que deveria ser um campo vasto de possibilidades, foi reduzido a uma estrada única, cheia de buracos — mas sem desvios.

O final feliz não é uma celebração do romantismo, mas uma ferramenta para torná-lo suportável. Como aponta Francine Tavares, o "felizes para sempre" não existia nos romances clássicos porque o amor era, por definição, caótico — e era justamente nessa desordem que ele encontrava sua autenticidade. A crítica cultural Laura Kipnis, em seu livro *Contra o amor*, vai ainda mais fundo: o modelo hollywoodiano reduziu o amor a uma "conquista", não a um processo.

A promessa não é só reconfortante, é um produto. Em tempos de incerteza, as pessoas buscam histórias que garantem que tudo termina bem, algo seguro, previsível e que lhes dê uma ilusão de controle. Não à toa, vimos um boom de comédias românticas nos últimos anos; em momentos de crise política e econômica, consumimos histórias otimistas como quem procura um remédio para suportar o caos, um otimismo artificial para nos distrair do que nos aflige. O amor como um gesto libertador deu lugar ao amor como um pacote bem embalado, pronto para ser consumido — mas não por todos.

Se Hollywood teve o Código Hays, o Brasil teve as novelas. Durante décadas, os romances televisivos seguiram um modelo igualmente rígido: protagonistas brancas, de classe média ou alta, se apaixonando por homens idealizados, enfrentando obstáculos sociais, mas sempre terminando no casamento ou na redenção amorosa. Mulheres negras e indígenas foram historicamente relegadas a papéis de empregadas, amigas leais ou amantes descartáveis, nunca protagonistas de suas próprias histórias de amor. O romance, no Brasil, também foi um projeto de exclusão.

Desde os filmes clássicos e as novelas até os aplicativos de namoro, os padrões de desejo seguem uma hierarquia racial. Estudos mostram que mulheres negras recebem menos *matches* em aplicativos de relacionamento, enquanto homens negros também são preteridos, a menos que estejam em ascensão financeira. O amor romântico sempre operou sob a lógica do mercado, e, nesse mercado, alguns corpos valem mais do que outros.

Essa construção social foi um dos temas discutidos no episódio "Por que ainda falamos de gênero e violência?", do *Bom Dia, Obvious*, com Heloisa Buarque de Almeida, uma das principais referências em estudos de gênero, mídia e marcadores sociais da diferença no Brasil. Professora da USP e fundadora do NUMAS (Núcleo de Estudos sobre Marcadores Sociais da Diferença), ela pesquisa há décadas como o entretenimento molda a percepção coletiva sobre gênero, raça e classe. Em sua análise, as novelas brasileiras desempenham um papel ambíguo: ao mesmo tempo que refletem a sociedade, também a influenciam, consolidando padrões que excluem determinados corpos do ideal romântico.

Heloisa observa que, na mídia brasileira, o desejo feminino negro ou é punido, ou é fetichizado. A mulher negra na novela ou é hipersexualizada e descartável, ou tem sua sexualidade completamente ignorada, confinada ao papel de cuidadora e conselheira. Esse padrão ecoa o que a professora Lélia Gonzalez apontava décadas atrás: a mulher negra nunca foi vista como um sujeito do amor, mas sempre como um suporte – para a família branca, para a patroa rica, para o homem que quer sexo, mas não compromisso. Ao longo das décadas, as novelas ofereceram uma versão higienizada do romance, em que o amor e a felicidade sempre foram brancos.

Sabrina Strings, em seu livro *The End of Love: Racism, Sexism, and the Death of Romance* [O fim do amor: racismo, sexismo e a morte do romance], analisa como o amor nos Estados Unidos foi historicamente vendido como um projeto de ascensão social e como essa lógica afastou os homens negros das mulheres negras. No pós-Direitos Civis no país, com a integração racial e a entrada de homens negros na classe média, a branquitude virou um passaporte simbólico para o sucesso. Casar-se com uma mulher branca não era só sobre amor, mas também sobre provar que você tinha chegado lá.

A solução, como propõem tanto Sabrina quanto Heloisa, não é apenas incluir mais personagens negras nas tramas, mas repensar as estruturas que sustentam o romance como uma ferramenta de exclusão. Não basta colocar mulheres negras no centro das histórias se a lógica do amor continuar sendo a mesma, baseada na hierarquia racial e no desejo branco.

O tipo de história que consumimos molda a forma como enxergamos o mundo. Hollywood não inventou o amor, mas decidiu quem é digno dele. O final feliz dessa história não está apenas na diversificação de protagonistas ou na ampliação das resoluções possíveis, mas na desconstrução do próprio conceito de amor romântico, para que ele deixe de ser um espaço de controle e se torne, enfim, um espaço de possibilidade.

"Não faz meu tipo"

Eu poderia citar muitos exemplos do *male gaze* — aquele olhar que objetifica a mulher e a transforma em um mero objeto de desejo visual para os homens —, mas nada chega aos pés dos canais de esporte. Homens surfam, escalam montanhas, atravessam desertos, e a câmera os acompanha de forma respeitosa: enquadramentos amplos, closes de esforço, celebração da técnica. Já com as mulheres, o esporte até aparece, mas nunca sozinho. O enquadramento encaixa um ângulo estratégico aqui, um close desnecessário ali. O que era para ser uma cena de surfe vira uma oportunidade para filmar a bunda. Nos Jogos Olímpicos de Tóquio, em 2020, as câmeras focalizaram partes do corpo das atletas dez vezes mais do que as dos homens.[3] Isso no mesmo ano em que a seleção feminina de handebol da Noruega foi multada por se recusar a jogar de biquíni.

A lente que registra as imagens que deveriam ser representações femininas em diferentes áreas, com diferentes aspirações, talentos e aparencias físicas, já vem calibrada pelo olhar masculino heterossexual, garantindo que a presença feminina só seja possível se for, antes de tudo, visualmente prazerosa para os homens.

Isso não acontece por acaso.

O termo *male gaze* foi criado pela teórica feminista Laura Mulvey, em seu artigo "Visual Pleasure and Narrative Cinema" [Prazer visual e cinema narrativo]. Essa forma de vigilância molda não apenas como as mulheres são vistas, mas também como aprendemos a nos ver. Seja no cinema, na publicidade, na arte ou no esporte, o olhar masculino estrutura as regras do jogo.

O cinema não inventou essa lógica, mas soube aprimorá-la até torná-la quase inevitável. A heroína pode estar fugindo de uma explosão, mas o fará de *babyliss* e delineador, consolidando o mito de que a beleza feminina é um acidente, e não um esforço — o que dá origem ao comentário mais enganoso da história: "Eu prefiro mulheres sem maquiagem" (dito por homens que, na verdade, preferem mulheres com maquiagem que parece invisível).

A coadjuvante feminina existe para dar profundidade emocional ao protagonista masculino, porque Deus me livre uma mulher ter uma trama própria. O *male gaze* está presente em todos os enquadramentos que nos transformam em objetos visuais antes de nos permitirem ser personagens. Homens podem ser geniais, insuportáveis, suados, machucados, desesperados. Mulheres têm que ser desejáveis.

Crescemos assistindo a essas personagens e, sem perceber, ajustamos a própria postura para caber nesse enquadramento. O problema é que ele não foi feito para nós. E, talvez, o maior truque desse olhar condicionado pelo desejo masculino seja nos convencer de que gostar da nossa própria imagem é o mesmo que gostar de como somos vistas.

Eu achava que já conhecia todas as formas possíveis de vigilância sobre o corpo feminino. Sabia sobre o *male gaze*, mas então me deparei com um termo novo: *male gaze* internalizado. Um conceito traiçoeiro, porque ele não precisa de diretor, espectador, nem de um homem de verdade. Ele já está dentro de nós, mulheres. Como um espelho que nunca desliga, uma plateia silenciosa que acompanha cada gesto, avaliando, corrigindo, moldando.

A vigilância heteronormativa não apenas molda nossa aparência, mas se infiltra nas nossas escolhas, nos nossos movimentos e na forma como nos apresentamos ao mundo. Ela nos faz puxar o short para baixo antes de sair, cobrir a barriga com uma almofada quando nos sentamos, ajustar o decote no reflexo sem nem perceber. Ela nos treina a segurar o choro para não parecer "sensível demais", a suavizar a voz ao discordar para não ser vista como "difícil", a rir sem graça diante de um comentário invasivo para evitar o climão que nem fomos nós que criamos.

É uma presença que se instala tão cedo que parece natural. Não é um sussurro audível, não é uma ordem direta. Não há um homem real nos dizendo como andar, como sentar, como existir. Mas aprendemos, e nem nos lembramos de onde veio a lição. O truque mais perverso do olhar masculino internalizado é este: ele não precisa ser imposto. Ele nos treina em silêncio, e nós seguimos acreditando que estamos no comando. A domesticação é sutil, mas implacável. Já foi absorvida, camuflada na ideia de bom senso, de elegância, de feminilidade.

Eu tento, juro que tento ser otimista, mas não são poucos os vídeos no TikTok, em 2025, ditando o que é ou não é elegante. Sempre que assisto — querendo rir, mas no fim acabo passando raiva —, percebo que os conselhos são os mesmos que recebíamos nos anos 1990, só que reformulados. Unhas claras, cabelos longos, roupas não muito curtas. Como não se pode mais dizer diretamente o passo a passo para se tornar atraente para um homem, a sociedade disfarçou esse padrão sob a etiqueta da "elegância".

O que mudou, então? Apenas o verniz. As regras de conduta feminina continuam as mesmas, mas agora vêm embaladas como autocuidado, bom gosto, empoderamento. Ser elegante virou um código social que dita o que podemos vestir, como devemos falar, até a maneira "correta" de existir em público — tudo sob o pretexto de sofisticação. No fundo, ainda é o mesmo jogo de sempre: nos querem contidas, moderadas, cuidadosas na medida certa. Uma mulher que ocupa espaço demais, fala ou ri alto demais corre o risco de ser chamada de vulgar, exagerada, grotesca. E poucas coisas parecem incomodar mais do que uma mulher que se recusa a jogar esse jogo.

A artista circense Rafaela Azevedo transformou essa vivência em espetáculo, com a peça *King Kong Fran*, nome que também dá vida à sua personagem, desafiando as dinâmicas de poder que moldam a forma como mulheres são percebidas e tratadas. Em cena, Rafaela subverte a lógica do olhar masculino e transforma desconforto em catarse, usando humor para escancarar desigualdades tão naturalizadas que muitas vezes passam despercebidas. A Fran é exagerada, debochada, grotesca — porque o mundo nos quer silenciosas, contidas, agradáveis. Ao inverter os papéis e colocar os homens em posição de vulnerabilidade, ela não só provoca risadas, mas empurra o público para um estado de reflexão incômoda, que, gostando ou não, não pode mais ser evitada.

O humor de *King Kong Fran* vai além do riso fácil. Ele desmonta a normalização da violência contra a mulher como entretenimento. Quantas vezes vimos corpos femininos brutalizados no cinema, enquadrados com uma estética quase fetichizada? A sociedade está tão acostumada a consumir a dor feminina, tanto nas telas quanto na vida real, que ninguém mais questiona. Rafaela escancara essa inversão, colocando os homens na posição de fragilidade e expondo o desconforto quando os papéis são trocados. Quando a violência simbólica atinge um corpo masculino, o riso se torna nervoso. E essa tensão só revela o que sempre esteve ali: a aceitação da violência contra as mulheres como parte do espetáculo.

Mas a maior subversão de *King Kong Fran* talvez esteja na utopia radical da mulher indivíduo. Fran não existe para ser desejada, e essa simples premissa já é revolucionária. Ela rasga o roteiro que nos entregam logo cedo, aquele que ensina que, antes de sermos qualquer coisa, precisamos ser bonitas. Que o valor de uma mulher começa e termina no impacto que ela tem sob os olhos dos outros. Fran não está ali para servir à fantasia de ninguém. Ser uma mulher indivíduo — que existe por si mesma, independente do olhar masculino — é tão raro que chega a parecer impossível. E é justamente este o ponto: a impossibilidade foi fabricada. Rafaela nos lembra que a autonomia feminina não é um delírio ingênuo, mas um ato de resistência real.

Se o *male gaze* define como devemos ser vistas, ele também molda como devemos ser desejadas — e quem pode desejar quem. O amor nunca foi apenas um encontro entre dois indivíduos; historicamente, ele funcionou como um dispositivo para organizar hierarquias raciais e econômicas. No passado, essas normas eram explícitas, delimitando quem podia se casar com quem. Hoje, elas se disfarçam sob o verniz da escolha individual, mas a lógica permanece a mesma.

A socióloga israelense Eva Illouz observa que, na era dos aplicativos de namoro e no do que ela chama de intimidades frias, estamos em contato com mais pessoas do que nunca, mas as relações se tornaram temporárias e utilitárias. Mais do que isso: o amor e o sexo seguem perpetuando desigualdades sociais. "As pessoas se casam cada vez mais dentro da sua classe social, o que torna os casais mais iguais internamente, mas reforça a segregação social." Sabrina Strings adiciona outra camada: o racismo mascarado como preferência pessoal. "As plataformas de namoro digital ampliam desigualdades ao permitir que preferências raciais sejam disfarçadas de escolhas."

O que parece uma questão de afinidade — um simples "não faz meu tipo" — é, na verdade, um código social bem ensaiado. Não há nada de espontâneo nisso. O desejo não é um campo neutro. Ele carrega séculos de hierarquia, segregação e exclusão. Na era digital, isso não mudou — só ficou mais eficiente. Os algoritmos, supostamente projetados para ampliar nossas opções, fazem exatamente o oposto: reduzem nossas preferências até que fiquem idênticas às normas que sempre existiram.

O sociólogo francês Pierre Bourdieu já dizia: "O gosto classifica, e classifica quem classifica". Na verdade, nossas preferências não são tão espontâneas quanto gostaríamos de acreditar. O que chamamos de gosto pessoal é, muitas vezes, uma linguagem codificada de pertencimento — e, mais importante, de exclusão. Essa necessidade de diferenciação segue um padrão antigo: o que a classe alta define como "chique" dura apenas até o momento em que se torna acessível às classes mais baixas. Quando algo deixa de ser exclusivo, é descartado. Isso acontece na estética, no comportamento e, claro, no desejo.

Pense na transição dos corpos kardashianos, com curvas extremas, para o retorno da magreza máxima. Enquanto as cirurgias para alcançar o corpo curvilíneo se popularizaram, as classes mais altas já tinham migrado para a tendência seguinte: a magreza financiada por remédios como Ozempic e Mounjaro, inacessíveis para a maioria. O mesmo padrão se repete com a estética *clean girl*, que pegou o minimalismo e a pele natural e o transformou em uma ostentação sutil de produtos caríssimos e uma rotina de skincare que só funciona para quem tem tempo e dinheiro. A febre do *old money*, por sua vez, segue uma lógica bem simples: é uma resposta ao excesso de logomania, resgatando um estilo clássico de forma sutil. Esse estilo só funciona como símbolo de status porque sugere que quem vem de uma família tradicional e rica não precisa provar nada.

No Brasil, onde o abismo social é escancarado em quase todos os espaços, essa dinâmica se torna ainda mais evidente. O gosto é uma das formas mais sutis de demarcar pertencimento e afirmar posição dentro de um grupo. Da escolha do restaurante ao estilo musical, tudo carrega um código. Saber decifrá-los é uma vantagem social, e, no jogo dos relacionamentos, isso significa saber onde e como se posicionar.

Quando aplicado ao amor, o gosto vira uma desculpa conveniente para desigualdades estruturais. Um amigo de um ex meu, com a voz quase de vítima, disse que adoraria se sentir atraído por mulheres que não fossem magras, mas simplesmente "não conseguia". Esse tipo de discurso mascara um filtro rígido de classe, raça e estética que foi aprendido, reforçado e, eventualmente, internalizado como desejo. Quantos homens brancos de classe média alta, que juram que é apenas uma questão de gosto, já se perguntaram por que suas namoradas sempre se parecem entre si?

Uma amiga minha, que é negra, uma vez me disse, com uma mistura de ironia e cansaço: "Do que adianta eu ser uma mulher que vai contra os padrões impostos se os caras com quem eu saio repetidamente dizem que não querem nada sério e aparecem menos de um mês depois namorando uma loirinha?"

A resposta é óbvia. O discurso da "mulher incrível, mas não para namorar" nunca foi sobre afinidade ou liberdade de escolha, mas sobre como certos corpos sempre foram vistos como território de exploração, nunca de fixação. A mulher negra, a mulher fora do padrão eurocêntrico, a mulher que não suaviza sua presença para ser mais palatável, todas elas podem ser desejadas, mas raramente escolhidas. E isso não tem nada a ver com gosto pessoal e tudo a ver com o que nos foi ensinado a valorizar.

Como aponta a filósofa Célia Amorós, "os homens são iguais, e as mulheres são idênticas" — ou seja, enquanto os homens são vistos como indivíduos, com subjetividades e trajetórias únicas, as mulheres são tratadas como uma massa homogênea, avaliadas e classificadas dentro dos limites estreitos da feminilidade aceita. O gosto, então, não é apenas uma questão pessoal, mas um sistema organizado de inclusão e exclusão. E quando um grupo é sempre medido por um padrão externo, esse padrão não é apenas um reflexo do desejo, mas uma régua de poder.

A vigilância masculina internalizada não opera apenas na nossa suposta vaidade — um disfarce para a internalização de tudo aquilo que nos faz subir posições na prateleira —, mas também nos nossos comportamentos como proteção. Afinal, se você acordasse em um dia de calor extremo em um mundo sem homens, como se vestiria para pegar transporte público?

Não sei dizer quantas vezes, quando eu estava na faculdade e pegava o metrô na hora do rush, fui apalpada. Sei, no entanto, quantas vezes me cobri mais do que o necessário num verão de 40 graus no Rio de Janeiro só para tentar evitar que acontecesse de novo. É aquela pergunta: se os homens desaparecessem amanhã, quais medidas de segurança ainda seriam necessárias para as mulheres?

A cilada da mulher "de boa"

Ela ri, entende, não pesa o clima. O sonho de qualquer homem — e o pesadelo de quem tenta encarná-la. Entre a exigência e a apatia, entre o medo de ser rejeitada e a necessidade de provar uma autonomia impecável, a mulher "de boa" não exige porque sabe que exigências são vistas como um peso. Ela não reclama porque aprendeu que reclamar é ser difícil — e ser difícil significa ser descartável. Ela sorri para aliviar o ambiente, finge que não se importa para manter a paz, adia a própria raiva para não virar problema. Um equilíbrio tão perfeito que só pode ser falso.

Vivemos na era em que a autossuficiência virou quase um culto. "Se ame primeiro", "você não precisa de ninguém", "só depende de você". Se a independência sempre foi um luxo masculino, por que agora se tornou uma obrigação feminina? Porque a mulher que se basta alivia os outros da responsabilidade do cuidado. Ela não pede, não interrompe, não cansa. É só a mulher "fácil" em nova embalagem: disponível, mas sem ser um problema; desejável, mas sem ser uma ameaça; adaptável, mas nunca uma demanda.

Você já se sentiu tão em dúvida a ponto de acreditar em tarot on-line? Eu já. E não foi num momento qualquer, mas justamente quando eu me orgulhava da minha leveza, da minha suposta capacidade de lidar bem com a ausência de respostas. Eu acordava, pegava o celular e lia o aviso genérico sobre energias confusas, sobre a necessidade de paciência. Como se a minha vida amorosa pudesse ser resolvida por uma carta aleatória e um trânsito astrológico. Como se aquele cara — aquele mesmo que desaparecia e voltava sem explicações — estivesse sendo conduzido por forças maiores, e não pelas próprias escolhas.

Ser "fácil" sempre foi um conceito elástico, moldado ao gosto de quem dita as regras, mas a estrutura nunca muda: todas são fáceis para os homens. No século XIX, ser "fácil" era sinônimo de queda moral — rir alto demais, andar sozinha na rua, demonstrar desejo próprio. O preço? Exclusão social, diagnósticos convenientes como histeria, internações forçadas e punições exemplares.

Nos anos 1960 e 1970, a revolução sexual deu às mulheres o direito de transar, mas manteve o direito dos homens de julgá-las por isso. A liberdade foi permitida, mas a culpa permaneceu. Nos anos 1990, segundo pesquisas de Francine Tavares, revistas masculinas definiram a leveza como atributo essencial para uma mulher desejável. Esse ideal não demorou a ser incorporado à mídia feminina.

A filósofa e teórica política Nancy Fraser já alertava que o feminismo, ao ser assimilado pelo neoliberalismo, trocou a luta por equidade por uma versão individualista de empoderamento. A mulher neoliberada não é uma ameaça ao sistema; ela é um *case* de sucesso dele. Se antes gritávamos por direitos, agora deveríamos repetir mantras de produtividade: respire fundo, organize sua rotina, faça terapia e tente não surtar.

A leveza virou um mandamento, mas é só um novo nome para a mesma obediência. Se você sente demais, quer demais, sofre demais, então o problema só pode ser você. Ser fácil deixou de ser um insulto e virou uma exigência — um adestramento emocional no qual aprendemos a não demonstrar raiva porque raiva não é sexy, e querer demais espanta. Chamam isso de força, mas é só controle reembalado como virtude.

O sofrimento, nesse contexto, surge quando essa expectativa de que seremos recompensadas por essa leveza, por essa renúncia, não se cumpre. Como disse o filósofo francês Paul Ricoeur, o sofrimento se torna insuportável quando não conseguimos dar sentido a ele. Quando não entendemos de onde vem essa dor, sofremos duas vezes: uma pela dor em si e outra pela nossa incapacidade de compreender por que estamos sentindo isso.

Essa subjetividade foi vendida como uma conquista, mas é só um novo nome para a mesma opressão. A mulher neoliberada parece ter tudo: beleza, carreira, independência emocional. Mas só parece. Porque, por trás dessa fachada, ainda está o peso de manter tudo funcionando — o equilíbrio emocional, o controle das expectativas, a leveza que nunca permite que ela desmorone. Ela aprendeu que o mundo não tolera mulheres que sentem, que pedem, que se colocam.

Somos ensinadas que podemos "ter tudo". Carreiras que nos inspiram, corpos que desafiam o tempo, uma vida amorosa que se alinha à nossa independência cuidadosamente cultivada. Mas por trás desse brilho há uma verdade inescapável: estamos exaustas. Como explica Nancy Fraser, o feminismo neoliberal não subverteu as estruturas de opressão — apenas nos treinou para funcionar dentro delas, transformando a sobrecarga em um ideal e a resiliência em um requisito básico de existência.

Nos venderam a autossuficiência como sinônimo de poder, como se nossa força estivesse no fato de nunca precisarmos de ninguém. Mas, na verdade, essa suposta emancipação tem um sabor amargo, porque não nos trouxe a liberdade que prometeram — apenas uma nova forma de isolamento, agora mascarada de conquista. Nos disseram que mulheres bem-sucedidas não deveriam pensar em relacionamentos, que independência significava desviar o olhar do amor. Mas a verdade é que a infelicidade feminina segue sendo lida como solidão. E a solidão feminina, como sempre, não se mede pela ausência de amizades, propósito ou satisfação pessoal — apenas pela falta de um par amoroso.

O problema é que essa performance tem um preço. Você passa tanto tempo convencendo a si mesma de que não precisa de nada que, quando percebe, já desaprendeu a querer. Passou a normalizar ausências, a transformar migalhas em banquete. E, pior, a se orgulhar dessa resistência. A pensar que ser forte é ser inatingível, que não demonstrar o que sente é sinônimo de controle. Até o dia em que você olha para si mesma e se pergunta: eu sou realmente livre ou só me tornei boa em aceitar pouco?

Nos ensinaram que ter poder é nunca precisar de ninguém, mas esqueceram de nos avisar que ninguém constrói nada sozinha. bell hooks nos lembra que o verdadeiro empoderamento não está em carregar o mundo sozinha, mas em saber que o mundo precisa ser sustentado coletivamente. A autora mostra como a independência é frequentemente enquadrada como o oposto do amor, criando uma dicotomia perversa: precisar dos outros é visto como fraqueza, e a solidão, como um preço inevitável da força. Mas, em vez disso, bell hooks defende a interdependência como um valor que reconhece a potência na conexão e na vulnerabilidade. Lembro de um momento em que me senti orgulhosa por "dar conta de tudo" — apenas para perceber que meu silêncio sobre a necessidade de ajuda estava corroendo meus relacionamentos e minha saúde. Existe uma linha tênue entre ser autônoma e estar exausta, e demorei para entender que a liberdade real não está na recusa do apoio, mas na construção de redes de cuidado.

E então, ao percebermos essa armadilha, tentamos escapar para o extremo oposto. A mulher neoliberada aprende que o sofrimento amoroso não só é inútil, mas também vergonhoso. Ela repete para si mesma que não deveria se importar, que criar expectativas foi um erro primário, que sentir tristeza por um amor perdido é um sinal de fraqueza. Só que a verdade é que o amor ocupa um espaço dentro de nós. O amor é expectativa. Nos venderam a ideia de que ele não deveria ser o centro de nossa vida, mas, na construção de nossa subjetividade, ele continua sendo um dos principais elementos da felicidade. O que mudou foi a forma como nos autorizamos a falar sobre isso.

Não estou dizendo que todas nós somos fatalmente românticas, condenadas a uma existência incompleta sem um relacionamento. O problema é que agora se tornou proibido sofrer por amor. A mulher de boa não chora, não implora, não sente demais. E para sustentar essa imagem de equilíbrio, para não admitir que algo nos abalou, aceitamos silenciosamente pequenas destruições internas.

O resultado? Um estado de demolição. Aceitamos o que nos fere porque questionar demais significaria admitir que nos importamos. Engolimos frustrações, normalizamos ausências, diminuímos nossas dores para caber na narrativa de quem não sente. Mas o amor ainda tem o poder de nos mover ou nos despedaçar. O erro nunca foi amar, mas acreditarmos que, para merecer respeito, precisaríamos fingir indiferença.

É uma atualização sofisticada do que bell hooks chamou de "feminismo de poder". Se esse feminismo convida as mulheres a imitar os homens na busca por status, a mulher de boa faz o mesmo no campo emocional: internaliza e reproduz o descompromisso, a aversão à vulnerabilidade e a recusa em estabelecer conexões profundas — características centrais do modelo patriarcal de masculinidade.

Esse modelo opera como um feminismo corporativo, no qual o sucesso individual se sobrepõe à mudança coletiva. Ele vende a ideia de que a liberdade feminina pode ser medida pelo número de mulheres em cargos de poder, ignorando as desigualdades estruturais. Como hooks aponta, isso não é libertação; é apenas a opressão reembalada com outro discurso.

Ela também nos lembra que o amor não é uma performance de competência emocional, mas um ato de honestidade e vulnerabilidade. O ideal da mulher de boa é uma distração que nos impede de reconhecer as injustiças nas relações desiguais e no trabalho emocional invisível que realizamos. Assim como o feminismo de poder perpetua o sistema ao absorver seus valores, a mulher de boa reforça a lógica da independência emocional como virtude, disfarçando a falta de reciprocidade como escolha. Não pedir, ainda que desejando — rótulos, cuidado, compromisso —, não é liberdade, mas conformidade.

A verdade é que a mulher de boa é só um papel. Um personagem que a gente ensaia, aperfeiçoa e interpreta tão bem que, às vezes, até acredita ser real. Durante anos, eu me orgulhei dessa performance. Acreditava que era madura, que sabia *jogar o jogo*, que não precisava da validação de ninguém. Mas será que era mesmo independência ou só uma forma refinada de convencimento? E ser compreensiva? Minha compreensão vem do fato de eu ser uma pessoa compreensiva ou porque, lá no fundo, não me acho digna de atenção? Aceitar menos porque sou desapegada ou porque aprendi que querer mais é um risco? A linha entre leveza e autoanulação é muito mais tênue do que gostaríamos de admitir.

É uma inversão cruel: enquanto os homens são incentivados a assumir sua individualidade, mesmo à custa dos outros, as mulheres são celebradas por apagarem a sua, em nome da leveza. Ao evitar confrontos, conversas difíceis e riscos emocionais, a "mulher de boa" abdica do trabalho árduo e transformador que o amor exige. Ela não rompe o jogo relacional, apenas se encaixa nele, reforçando o mito de que ser amada depende de ser flexível, de não incomodar, de nunca parecer querer demais.

O que inquieta nessa performance é como ela transforma emoções humanas básicas — vulnerabilidade, raiva, frustração — em falhas de caráter. A mulher de boa não pode se irritar, porque a raiva não é sexy. Não pode pedir apoio, porque isso compromete sua autossuficiência. Não pode demonstrar frustração, porque seria um desvio da identidade relaxada e sempre amorosa que aprendeu a encenar.

Vestidas de verde e amarelo aguardando o primeiro jogo do Brasil na Copa de 2014, eu e minha amiga sofríamos em dupla do que na época chamávamos de "um perdido", melhor traduzido hoje como um *ghosting*. Nossos namorados na época, mesmo separados por quilômetros de distância, resolveram fazer a mesma coisa: sumir. Hoje eu sei que o meu estava me traindo com uma colega do trabalho (clássicos são clássicos por um motivo), mas o que interessa não é a traição. É o instante exato em que o telefone tocou e algo em mim se rompeu. Foi ali que percebi, pela primeira vez, como nascem as "ex loucas" — e não existe covardia maior do que chamar de louca alguém que você mesmo enlouqueceu.

Minha amiga ligou 47 vezes, eu liguei 18. Na 19ª, ele atendeu, e eu gritei: "Você não precisa me amar, mas vai ter que ter a decência de falar isso". Pela primeira vez, abandonei a ideia de ser a mulher de boa. Pela primeira vez, não engoli minha raiva, não tentei transformar a frustração em alguma anedota espirituosa para disfarçar a humilhação. Já não queria amor, só dignidade.

A raiva que eu senti naquele dia — a que finalmente me fez romper com a mulher de boa — era a mesma que tentaram me ensinar a domesticar desde sempre. Porque uma mulher que sente demais, que exige demais, que não aceita o que lhe dão, é perigosa. E é aí que entra o feminismo de poder: ele não desconstrói o sistema que marginaliza; apenas permite que algumas mulheres ocupem posições antes reservadas aos homens, enquanto as bases da desigualdade seguem intactas. Nesse jogo, as mulheres não quebram o ciclo de dominação — apenas trocam de lugar dentro dele.

Essa adaptação cultural, como qualquer performance, não é vivida apenas no presente. Ela ecoa nas lembranças de quem já tentou ser essa mulher, ajustando cada gesto e palavra para não atravessar a linha invisível do "excesso". Quantas vezes, nesses momentos de silêncio entre mensagens ou em noites de espera, a vontade de pedir alguma coisa — clareza, carinho, presença — foi contida pelo medo de não ser mais desejada? E, mesmo sabendo que o "estar de boa" é uma máscara, há um orgulho amargo em sustentar a encenação, como se a negação das próprias necessidades pudesse, de alguma forma, transformar as dinâmicas de poder.

O que deveria nos libertar, na verdade, nos prende a uma expectativa invisível, uma espécie de armadilha: acreditamos que, ao exigir tão pouco, seremos amadas, cuidadas, recompensadas. Mas isso quase nunca acontece. E aí, ironicamente, nos adaptamos ainda mais aos desejos e às necessidades dos outros, chamando isso de força. O patriarcado, que nos ensina a ser leves, a não pesar, a não pedir, camufla-se no discurso da independência e continua moldando nossos desejos e nossas expectativas, enquanto fingimos que estamos no controle.

bell hooks diz que a verdadeira revolução feminista não pode se limitar a abrir portas para algumas mulheres enquanto outras continuam à margem. Um feminismo que apenas permite ascensão individual sem questionar a estrutura não liberta, apenas seleciona. O problema central desse modelo é que ele transforma a luta por equidade em um projeto meritocrático, no qual o sucesso feminino se mede pela capacidade de adaptação às regras do patriarcado, e não pela transformação dessas regras. Para hooks, o feminismo precisa ser um movimento de reconstrução coletiva, em que o poder não é uma ferramenta de dominação, mas um meio de resistência e cuidado mútuo.

Enquanto aceitarmos a lógica de que vencer significa imitar o modelo masculino de autonomia e controle, seguiremos presas às mesmas estruturas que sempre nos oprimiram — apenas com um figurino diferente.

O problema mais profundo desse feminismo, segundo hooks, é sua incapacidade de imaginar formas de poder que não dependam de hierarquias ou opressão. A verdadeira libertação feminista não está na simples troca de papéis dentro de um sistema opressor, mas na ruptura total com suas bases. O feminismo deve criar novos modelos de poder — horizontais, coletivos, transformadores — que possibilitem às mulheres não apenas ocupar espaços, mas redefinir o que esses espaços significam. Caso contrário, continuaremos perpetuando a ideia de que poder é sinônimo de controle, e não de liberdade.

A crítica de hooks é incisiva porque exige mais do que a ascensão ao topo — ela exige um rompimento com a própria ideia de que o topo deve ser o objetivo. Enquanto estivermos jogando esse jogo, as regras continuarão sendo ditadas pelas mesmas forças que criaram o patriarcado: controle, competição, hierarquia. A verdadeira transformação feminista, sugere hooks, não está em disputar poder dentro do sistema, mas em abandoná-lo por completo — em criar algo que não precise de vencedores e vencidos para funcionar.

Foi só quando parei de tentar ser "de boa" que comecei a entender o que era realmente ser livre. Porque liberdade não significa não precisar de ninguém. Liberdade é saber que você pode querer, pedir e exigir sem medo de ser descartável por isso.

Porque, no fim, o molde de comportamentos relacionais segue mudando, mas a regra permanece intacta: agradar aos homens. Se em tempos em que o casamento era um contrato, interessava ao sistema que fôssemos submissas, recatadas, do lar, hoje a mulher ideal foi remodelada para se adequar ao que os homens querem consumir. Uma mulher que, como todas as versões anteriores da mulher ideal, só existe como fantasia masculina — um mito conveniente que nos força a performar desapego enquanto eles seguem usufruindo da estrutura que sempre os favoreceu.

O jogo mudou, mas o objetivo continua o mesmo. Se antes nos moldavam para sermos esposas dedicadas, hoje nos treinam para sermos parceiras descomplicadas, disponíveis, emocionalmente autônomas. O discurso da liberdade nos prometeu escolhas, mas, na prática, muitas dessas escolhas seguem sendo mais vantajosas para eles. A mulher ideal do nosso tempo não exige, não se apega, não complica — porque a pior transgressão ainda é ser vista como um fardo.

A maior ironia da chamada liberdade sexual feminina é que ela não resultou em igualdade de vivência entre os gêneros, mas em uma adaptação conveniente para os homens. O que antes era a monogamia obrigatória virou a não monogamia estratégica, uma ressignificação que mantém os privilégios masculinos intactos. Os mesmos que antes exigiam exclusividade agora se dizem desconstruídos — mas só quando isso os beneficia. Como se, em algum momento da história, a monogamia tivesse sido uma exigência moralmente simétrica entre os gêneros.

O homem de unhas pintadas de preto fez da não monogamia um projeto político porque entendeu que poderia vestir essa liberdade de discurso progressista enquanto continuava a garantir seus próprios privilégios. Nunca houve um peso real para a infidelidade masculina, nunca houve uma moralidade que os punisse da mesma forma que nos punia. Durante séculos, mulheres perderam a guarda dos filhos por adultério, enquanto os homens nunca precisaram temer qualquer tipo de retaliação real. Agora, vendem a ideia de que a liberdade está em não pedir nada, em não desejar nada, em não esperar nada. Mas essa não é uma nova revolução, é só mais uma forma de manter tudo igual.

Transformamos então migalhas em banquete, interpretamos distanciamento como charme, nos convencemos de que não precisamos de garantias, porque garantias são coisa de mulher insegura. O que imediatamente me faz lembrar que quando eu dizia para o meu ex que sentia falta de ser elogiada às vezes, ele me respondia: "Mas você é tão insegura a ponto de precisar disso?", quando ele que era tão babaca a ponto de me questionar isso.

Ser uma mulher "autossuficiente" foi distorcido para significar não pedir nada, como se o simples ato de pedir atenção, por afeto ou por um gesto mínimo, fosse fraqueza. Como se o desejo de reciprocidade fosse um erro primário que só as ingênuas cometem.

Esta é a armadilha final: nos prometeram liberdade, mas nos entregaram o medo de querer. Nos disseram que éramos donas de nossos desejos, mas só enquanto eles não fossem incômodos demais. E é por isso que o verdadeiro rompimento não está apenas em mudar a forma como nos relacionamos com os outros, mas em mudar a forma como nos relacionamos com nós mesmas. Não se trata de rejeitar a independência, mas de rejeitar a falsa independência que nos obriga a fingir que não precisamos de ninguém. A liberdade real não é se acostumar a não receber nada. É saber que podemos pedir tudo.

Parte #2

Sintomas de Espera

Espere

Espere, não mande mensagem primeiro.
Espere, ele tem medo de se envolver.
Espere, ele tem que sentir sua falta.
Espere, quem precisa de rótulos?
Espere, não cobre demais.
Espere, ele não gosta de demonstrações públicas.
Espere, ele está apenas em um momento ruim.
Espere, ele vai voltar a ser como era no começo.
Espere, não jogue tudo fora por tão pouco.
Espere, é só uma fase.

Espere, ele só faz isso porque te ama.
Espere, até que o tempo passe.
Espere, até que o desejo esfrie.
Espere, até que ele assuma outra.
Espere, até que você não reconheça mais quem se tornou.
Espere, até perceber que esperou por nada.

A sala de espera amorosa

A espera nunca é só uma questão de tempo — é também uma questão de controle. De quem pode se dar ao luxo de adiar, de manter o outro em suspensão, de dosar a própria presença como quem regula, com precisão calculada, o termostato do desejo.

Desde que o amor se tornou um contrato — seja no papel, na moral ou na cultura —, ensinaram às mulheres que desejar significava esperar. Esperar pelo pedido de casamento, pela carta que talvez nunca viesse, pelo marido que voltava da guerra, do trabalho ou de um compromisso sobre o qual, curiosamente, ele não deu muitos detalhes. Esperar foi naturalizado como uma virtude feminina. Calma e devoção, um instinto. Quem não espera — quem ama com pressa — sempre é punida.

Isso é o que eu chamo de cultura da espera: um condicionamento que nos convence de que a resiliência será recompensada, de que resistir ao desprezo é força, de que o amor exige perseverança. Em um mundo em que homens são incentivados a decidir, a ocupar espaço e a definir os rumos das relações, as mulheres são ensinadas a aguardar. A cultura da espera transforma a ausência em mistério, a demora em um teste, a hesitação em um enigma. Mas a verdade é que quem quer fica. Quem hesita já foi.

Mas essa espera nunca foi igual para todas. Se as mulheres foram condicionadas a aguardar reconhecimento, algumas sequer foram consideradas parte da narrativa do amor romântico. Para as mulheres negras, essa lógica ganha uma camada a mais de crueldade. Se a feminilidade branca foi construída na delicadeza e na paciência, as mulheres negras foram historicamente vistas como fortes demais para precisar de cuidado. O estereótipo da mulher negra independente não é um elogio, mas um apagamento da sua vulnerabilidade, uma desculpa conveniente para que elas não se sintam no direito de esperar pelo amor sem precisar provar merecimento. O mercado do desejo sempre reforçou que a pele branca, os traços finos e os corpos magros são os que valem a espera. As outras seguem esperando, mas sem a garantia de que, um dia, serão chamadas.

Para as mulheres lésbicas, a espera sempre veio disfarçada. Crescer sem referências de amores possíveis significava aguardar um desejo que nunca seria validado. A heterossexualidade compulsória fez com que mulheres que amam mulheres passassem a adolescência tentando forjar atração pelo oposto, na esperança de que um dia aquilo fizesse sentido. Mesmo quando encontram o amor, ainda há outra camada de espera: a aceitação nunca vem por inteiro. Muitas aguardam a coragem da parceira para assumir a relação, esperam o momento certo para contar à família, lidam com um reconhecimento social fragmentado. No amor entre mulheres, a espera não é só sobre tempo — é sobre poder existir sem precisar justificar.

A espera como virtude é apenas mais uma herança ingrata da construção do amor romântico. No século XIX, mulheres eram educadas para se submeter à espera passiva: pelo amor, pelo casamento, pela validação social. Esperar era sinônimo de decoro, de dignidade, enquanto agir pelo próprio desejo era quase um crime moral. A punição para quem não esperava era severa e irreversível: perder a honra significava perder qualquer possibilidade de estabilidade. Sem reputação, não havia casamento, e sem casamento, não havia segurança financeira ou reconhecimento social.

A famosa personagem Anna Kariênina, criada por Liev Tolstói no romance homônimo publicado em 1877, talvez seja um dos retratos mais cruéis das consequências de recusar a espera pelo amor. Anna não queria aguardar passivamente o amor em um casamento infeliz e, ao atravessar a linha invisível entre a paciência e a ação, foi empurrada para fora do convívio social. Sua escolha pelo amante Aleksei Vronski não foi só um ato de paixão, mas um desafio direto à cultura da espera: ela não aceitou ser um corpo paciente à mercê das vontades alheias. E a punição veio de todos os lados — perdeu o filho, o status, a própria identidade. A sociedade que a ensinou a esperar como virtude também deixou claro que, ao desistir da espera, ela não teria mais lugar à mesa. O trilho do trem não foi apenas o fim de uma vida, mas a materialização brutal de uma escolha. Viver fora das regras significava não viver.

Emma Bovary — personagem de Gustave Flaubert, marcada pela insatisfação e pelo desejo de uma vida além da rotina, no romance *Madame Bovary* (1856) — também se rebelou contra a espera, mas seguiu um caminho diferente. Educada pelos romances sentimentais da época, Emma acreditava que o amor verdadeiro chegaria como uma epifania, desde que ela se mantivesse desejável, paciente, à altura do sonho que lhe venderam. Mas a vida burguesa ao lado de Charles Bovary logo revelou a armadilha: esperar não trazia recompensa, apenas tédio e infelicidade. Quando finalmente decide agir — entregando-se a amantes, comprando luxo a crédito, buscando nas experiências aquilo que a espera nunca lhe trouxe —, encontra o mesmo destino de Anna: exclusão, dívidas, desespero. Emma é o exemplo perfeito de como a espera cria um ciclo perverso, porque, ao romper com ele, a mulher já se vê punida pelo mundo por não ter se contentado com o que tinha.

Nos anos 1950 e 1960, a promessa de estabilidade continuava atrelada à paciência feminina. Só que, dessa vez, o prêmio final não era apenas o casamento, mas a imagem da dona de casa perfeita, cercada por eletrodomésticos reluzentes e filhos impecáveis. Esperar significava aceitar um destino pré-fabricado, embalado pelo sonho da prosperidade doméstica. As revistas femininas brasileiras da época, como *Cláudia* e *O Cruzeiro*, não economizavam nas instruções: sorria, esteja sempre bonita, mantenha a casa impecável e, acima de tudo, nunca demonstre insatisfação. A mulher ideal era aquela que sabia ocupar seu lugar sem questionar, como se a felicidade estivesse no silêncio, no servir e no esperar. Era o auge do modelo "rainha do lar", reforçado pelas cartilhas católicas de boas maneiras e pelas novelas em preto e branco.

Para as que não esperavam — que queriam estudar, trabalhar ou simplesmente escapar do papel de esposa-modelo —, a punição era menos explícita, mas igualmente cruel: a solidão social e o estigma de ser "difícil" ou "mal-amada". A mulher que fugia desse roteiro era retratada como uma ameaça ou, no mínimo, como um fracasso. Pense em Clarice Lispector, que, embora já fosse uma escritora reconhecida, não era ainda considerada uma das maiores escritoras do país, sendo muitas vezes mais comentada por seu papel como esposa do diplomata Maury Gurgel Valente do que por sua obra. Ou nas mulheres retratadas por Lygia Fagundes Telles, como a protagonista Lorena de *As meninas*, que vive o conflito entre o desejo de liberdade e a pressão para se conformar às expectativas sociais. Essa tensão era palpável, porque romper com a espera significava se expor ao risco — e ao julgamento.

Nos anos 1970 e 1980, com o avanço dos movimentos feministas, a espera começou a ser questionada de forma mais aberta. As mulheres não queriam mais aguardar passivamente por um marido, por um futuro estável ou pela aceitação social. Queriam estudar, trabalhar, viver fora da sombra masculina. Mas, como sempre, a liberdade tinha um preço. A mulher que escolhia a carreira em vez da família era rotulada de egoísta; aquela que explorava sua sexualidade era chamada de promíscua. Se a punição do século XIX era a exclusão social e a dos anos 1950 era o isolamento emocional, nas décadas de 1970 e 1980 era o julgamento moral que estava em jogo, com a liberdade feminina sendo obrigada a ser justificada a cada passo.

A cultura pop começou a refletir essa dualidade. A atriz norte-americana Jane Fonda, por exemplo, deixou o papel de "namoradinha da América" para assumir o de ativista política e foi duramente criticada por isso. No Brasil, a atriz Leila Diniz escandalizou o país ao exibir sua barriga de grávida na praia, desafiando a ideia de que a maternidade deveria ser vivida com recato. A imprensa foi implacável, como sempre foi com mulheres que ousaram ser protagonistas da própria vida. Mesmo as comédias românticas dos anos 1980 continuavam reforçando que a "verdadeira" realização vinha quando a mulher finalmente se acomodava em um relacionamento.

Nos anos 2000, quando eu era adolescente, a espera já não se apresentava de forma tão explícita, como o "sente-se e aguarde um marido". Em vez disso, ela era disfarçada pelo discurso de empoderamento feminino, como se bastasse ser "uma mulher que tem tudo" — boa carreira, belo corpo, vida social ativa — para que a pessoa certa surgisse, naturalmente, como recompensa. Revistas femininas, séries e filmes daquela época vendiam a ideia de que a mulher moderna podia conquistar o mundo, desde que fizesse isso sem parecer desesperada.

O amor continuava sendo um troféu, mas agora exigia uma espera performática. A mulher ideal deveria estar sempre impecável, emocionalmente controlada, sem jamais parecer que queria tanto quanto queria. Quem conseguisse manter essa ilusão — digna de trilha sonora com "Suddenly I See!" — levaria o prêmio.

Mas e quando a espera não é só pelo amor, mas pelo corpo certo para recebê-lo? Mulheres gordas cresceram ouvindo que o afeto seria uma possibilidade futura — algo que aconteceria *depois que emagrecessem, quando se cuidassem mais, se dessem um jeito*. Mas elas não foram as únicas a ser colocadas nesse limbo. Mulheres com corpos fora do padrão — muito altas, muito baixas, muito magras, muito musculosas, muito marcadas por cicatrizes, estrias, deficiências ou qualquer característica que desviasse da norma — também foram ensinadas a esperar. A mensagem, sutil ou explícita, era sempre a mesma: o desejo não era um direito garantido, mas uma concessão para quem conseguisse caber na estética esperada.

A romantização da espera sempre foi seletiva. Algumas mulheres foram educadas a aguardar um grande amor; outras, a esperar que seu corpo fosse aceito primeiro. Quando a sociedade vende o afeto como um prêmio para quem se conforma, a mensagem não poderia ser mais clara: até que você esteja dentro do formato ideal, sua única função é esperar.

Na série *Sex and the City*, a protagonista Carrie Bradshaw escrevia uma coluna sobre independência emocional enquanto passava temporadas inteiras aguardando que Mr. Big finalmente estivesse pronto para amá-la do jeito certo, como se a paciência fosse um traço sofisticado de quem já tinha aprendido a jogar. Aliás, por que ela não ficou com o Aidan mesmo?

No filme *O diabo veste Prada*, Andy Sachs só encontra equilíbrio ao abrir mão do auge profissional para priorizar a vida pessoal, como se a felicidade plena só fosse possível por meio de um realinhamento com o velho roteiro. O discurso era claro: você pode querer o mundo, desde que saiba esperar pelo amor com discrição — porque, de algum modo, desejar abertamente era visto como perder o jogo.

Foi assim que a espera deixou de ser uma pausa para se tornar a própria estrutura das relações. Se, nas gerações anteriores, o amor era vendido como um destino inevitável para quem seguisse as regras — casar, cuidar da casa, ser paciente e irrepreensível —, nos anos 2000 ele foi reembalado como um prêmio para as mulheres que conquistassem tudo, desde que mantivessem a vulnerabilidade bem disfarçada. Você poderia querer a promoção, o apartamento, a viagem para a Europa, mas, se o amor estivesse entre seus objetivos declarados, era melhor silenciar esse desejo. A mulher ideal não era mais aquela que esperava passivamente, mas a que conseguia disfarçar a espera sob a fachada de autossuficiência.

Quem cresceu nessa lógica não precisa estar em um relacionamento para ser aprisionada por ela. O condicionamento é tão eficiente que a vigília se torna automática e o sofrimento, ritualizado. A obsessão pela mensagem que não chega, pela curtida que não veio, pelo story que foi visto e ignorado não é um desvio de comportamento individual, mas um sintoma de um sistema que nos prometeu que a espera, um dia, seria recompensada. O outro, que se mantém ausente o suficiente para preservar o poder, mas presente o bastante para evitar o esquecimento, opera dentro desse mecanismo. Ele não hesita, não está confuso, não é vítima da própria inconsistência. Ele se beneficia da desigualdade estrutural do desejo, na qual fomos treinadas para preencher as lacunas deixadas pelos homens.

O ambiente onde aguardamos precisa ser silencioso. Como toda sala de espera, exige paciência e distração, porque a inquietude aberta sempre foi considerada pouco feminina, quase vulgar. Na tentativa de ignorar a sensação incômoda de que fizemos tudo certo — chegamos no horário, seguimos as regras, não cobramos, não exigimos — e, ainda assim, continuamos esperando, criando pequenas estratégias para não sentir o peso dos minutos.

Contamos mentiras para nós mesmas: dizemos que não estamos esperando uma resposta, que não nos importamos em sermos assumidas, que essa fase ruim vai passar, que ele ainda pode voltar a ser quem era no início. A esperança vira uma espécie de anestesia, prolongando relações que já não existem, exceto como promessa futura. Nos convencemos de que a espera é transitória, mesmo quando já se tornou um estado permanente.

Quantas mulheres permanecem em relações infelizes porque foram treinadas para acreditar que a paciência é uma virtude, que toda relação passa por fases difíceis e que desistir é sempre sinônimo de fracasso? O parceiro que um dia foi amoroso e agora vive distante continua sendo, na narrativa que construímos, "a mesma pessoa de antes" — alguém que voltará a ser como era, desde que saibamos ter calma, compreensão e generosidade.

Não é sobre o tempo em si, mas sobre o que projetamos nele. Não é sobre a chamada, mas sobre a ilusão de que a espera será recompensada, como se houvesse uma lógica divina no sofrimento paciente. O intervalo entre o desejo e sua realização se transforma em um território onde se aprende a negociar com a ansiedade, com o medo, com a crença de que o que vem depois será uma resposta — não apenas mais uma etapa indefinida. Essa espera passa a ser vista como uma prova de amor, como se suportar a negligência fosse um atestado de devoção, quando, na verdade, é o sinal mais claro de que a reciprocidade já não existe.

Mesmo quando a certeza da infelicidade se torna evidente, ainda há quem continue esperando. Sair disso parece impossível porque o tempo investido se transforma em uma dívida emocional, como se houvesse um momento em que a paciência finalmente fosse recompensada. Desde pequenas, aprendemos que amor é resiliência, que ser mulher é saber suportar, que toda história passa por altos e baixos e que a recompensa virá para quem não desistir no primeiro obstáculo. É assim que suportamos a ausência, a dúvida, a negligência, apostando que o próximo "alto" compensará todos os "baixos", mesmo quando a lógica já não se sustenta — como se persistir fosse uma prova de caráter e desistir, um fracasso moral.

A espera se torna uma forma de negação, uma anestesia que prolonga relações esvaziadas, como se admitir o fim fosse pior do que continuar no limbo. E quanto mais tempo se passa aguardando a validação do outro, mais a identidade começa a se confundir com a própria espera. A pessoa deixa de ser alguém com desejos próprios e se transforma no intervalo entre uma resposta e outra, entre uma promessa e sua não realização. O outro, sempre ausente o suficiente para preservar o poder, mas presente o bastante para evitar o esquecimento, opera dentro desse mecanismo com precisão. Ele não hesita, não está confuso, não é vítima da própria inconsistência — ele se beneficia da desigualdade estrutural do desejo, porque sabe que quem espera está, inevitavelmente, em desvantagem.

A ansiedade da incerteza se infiltra na rotina, no corpo, na forma de existir. A ausência do outro ocupa tanto espaço que, quando ele finalmente aparece, já não é mais sobre ele — é sobre tudo o que foi projetado durante a espera. O momento de reencontro não oferece alívio, mas reforça a lógica do ciclo: se a intermitência mantém a esperança viva, a espera passa a ser um lugar de pertencimento. O sofrimento se torna familiar, quase confortável, porque, afinal, seguir em frente significaria encarar o vazio deixado por um investimento emocional que nunca rendeu o retorno prometido.

A violência dessa dinâmica é silenciosa, mas implacável. A ideia de que o amor precisa ser conquistado e mantido a qualquer custo nos leva a um esgotamento emocional que consome nossa autonomia, diluindo nossos desejos até que o que importa não é mais o que queremos, mas o que precisamos fazer para sermos amadas. A espera por um amor que nunca se concretiza vira um exercício de autodestruição, um jogo de resistência emocional em que não há vencedoras, apenas mulheres esgotadas, convencidas de que o problema está nelas. A falta de reciprocidade, em vez de ser um motivo para ir embora, se torna um desafio a ser superado, e a incapacidade do outro em amar passa a ser lida como uma falha nossa — algo que poderíamos ter evitado se tivéssemos sido mais pacientes, mais compreensivas, mais inesquecíveis.

O sofrimento se transforma em investimento: já passei por tanta coisa, não faz sentido desistir agora. Mas a verdade é que faz. Sempre que penso no que poderia ter feito, lembro que eu sempre tive chance, que as oportunidades estavam ali, mas o pensamento que me impedia era sempre o mesmo: "Não faz sentido desistir agora". Confie em mim. Sempre há tempo para ir embora.

Rita Segato é uma das principais pensadoras contemporâneas sobre violência de gênero, patriarcado e colonialidade do poder. Seu trabalho investiga como a desigualdade entre homens e mulheres não é apenas social, mas estrutural, sustentada por narrativas e normas que naturalizam o sofrimento feminino. Segato argumenta que a violência contra as mulheres não é um desvio ou um ato isolado, mas uma linguagem do patriarcado — um código silencioso que se impõe nos relacionamentos, na economia, na política, moldando o que é aceitável ou não para uma mulher querer. Essa violência nem sempre assume a forma óbvia da agressão física ou verbal; muitas vezes ela se manifesta na forma de negligência emocional, na assimetria afetiva, na expectativa de que a mulher tolere o pouco e agradeça pelo mínimo.

A "pedagogia da crueldade", conceito de Segato, explica como a violência simbólica e afetiva é ensinada e reproduzida como algo natural, um condicionamento que leva mulheres a acreditarem que suportar é sinônimo de amar. Essa lógica não se limita às grandes estruturas sociais, mas se infiltra nos relacionamentos mais íntimos. O distanciamento emocional dos homens, a comunicação inconsistente, a dinâmica de sumir e reaparecer quando convém, o afeto racionado — nada disso é aleatório. O poder, nesses casos, não está apenas em controlar a mulher de forma explícita, mas em mantê-la em estado de incerteza constante. O homem que regula sua presença, que nunca se compromete por completo, que some sem explicação e volta quando quer, não está apenas exercendo sua liberdade individual. Ele opera dentro de um sistema que, historicamente, ensina às mulheres que o amor é provado pela resiliência, que a inconstância é um traço de profundidade, e que desistir é um fracasso.

Aprendemos desde cedo que sermos testadas emocionalmente é quase uma etapa inevitável da experiência amorosa, que a dor é prova de que somos capazes de amar. A "pedagogia da crueldade" nos ensina a suportar, a nos adaptar, a esperar — como se o valor de uma mulher fosse medido por sua capacidade de suportar a ausência sem desmoronar. A frieza, a distância e a indiferença dos homens deixam de ser sinais de desinteresse e passam a ser desafios a serem vencidos. A espera se torna parte da identidade feminina, e o sofrimento, um critério para se sentir válida. Quem aguenta mais ama mais. Quem insiste mais merece mais. Como se o amor verdadeiro fosse, por definição, doloroso e instável, sempre exigindo que a mulher ceda um pouco mais, se conforme um pouco mais, espere um pouco mais.

Essa lógica também se aplica ao desejo feminino. Segato mostra como a sexualidade das mulheres foi construída sob a influência do olhar masculino. Quando um homem sente desejo, ele parte para a ação; quando uma mulher sente desejo, ela espera. Espera ser escolhida, convidada, validada. O prazer feminino sempre foi controlado pelo tempo dos outros. Almeja-se que não apenas esperemos, mas que façamos dessa espera um símbolo de amor, devoção e caráter — como se a capacidade de postergar nossos próprios anseios fosse prova de virtude, e não de subjugação.

Para muitas, a espera não é apenas pelo amor, mas pelo direito de existir dentro dele. O desejo da mulher não é só reprimido, mas reconfigurado como uma espera interminável por um reconhecimento que raramente chega. Quando chega, já não é mais sobre o outro, mas sobre o tempo perdido tentando provar que éramos dignas de algo que, no fundo, nunca dependeu de nós.

A espera nunca é neutra. Ela reconfigura nossa percepção do tempo, dos afetos e, principalmente, de nós mesmas. Quanto mais longa, mais fácil é confundir paciência com mérito, como se suportar o descaso fosse sinônimo de profundidade emocional. A demora, em vez de um sinal de valor, é apenas um reflexo da assimetria que sempre existiu nas relações. Sem perceber, ajustamos expectativas, racionalizamos ausências, aceitamos restos — até que a espera deixe de ser uma fase e se torne a estrutura inteira do amor.

A sala de espera é sempre a mesma: desconfortável, com amendoins velhos num pote de vidro e revistas de dieta dos anos 2000 empilhadas no canto. Um espaço onde o tempo se arrasta, e qualquer distração medíocre serve de alívio momentâneo. Ajustamos expectativas, diminuímos nossa presença, tentamos ser mais fáceis de lidar porque ouvimos que ele precisa de espaço, que tem medo de se envolver, que não está pronto. Racionalizamos cada ausência como uma etapa necessária do processo, como se o amor fosse um campo minado, e não um espaço de encontro. E, sem perceber, a sala de espera se torna nossa casa. Aprendemos a nos alimentar de migalhas, a engolir desculpas requentadas, a acreditar que aquele amor que ainda não existe tem valor suficiente para justificar a fome.

A "pedagogia da crueldade" não apenas legitima essa dor, mas a transforma em critério de profundidade emocional. Se dói, então é real. Se exige sacrifício, então vale a pena. E, assim, a espera se perpetua, não como uma escolha consciente, mas como uma lição absorvida desde cedo — mulheres treinadas para investir tempo e energia em relações que não são correspondidas, como se o sofrimento fosse a prova definitiva de que o amor existe. Não se trata mais de esperar pelo outro, mas de esperar pelo momento em que a dor finalmente fará sentido, em que a paciência será reconhecida como virtude e recompensada com aquilo que, na verdade, sempre esteve fora do nosso controle.

O impacto vai além da ansiedade; ele corrói a autoestima de forma gradual e quase imperceptível. A espera performática ensina as mulheres a esconderem suas vulnerabilidades, levando a uma desconexão emocional que se disfarça de autocontrole. O desejo precisa ser contido, a carência, mascarada, até que a busca por afeto se transforme em um exercício de sobrevivência emocional. Relacionar-se passa a ser um campo minado, onde cada movimento é calculado para não parecermos "desesperadas", e a naturalidade do afeto é substituída por estratégias de autopreservação. Estar com alguém já não significa compartilhar intimidade, mas equilibrar-se na corda bamba entre o que se quer dizer e o que é seguro revelar.

Quanto mais nos acostumamos a esperar, mais nos convencemos de que esse é o nosso papel. Nos tornamos as que aguardam, nunca as que escolhem. A autoestima, que deveria se alimentar do que fazemos por nós mesmas, passa a depender do movimento do outro. Nós nos agarramos à ideia de que, se formos pacientes, seremos recompensadas. Mas afeto não deveria ser prêmio de resistência. Amor não é maratona. Não existe linha de chegada para quem vive em estado constante de expectativa. E quanto mais tempo passamos nessa dinâmica, mais difícil é perceber que estamos correndo sozinhas, tentando alcançar alguém que nunca esteve realmente disposto a andar ao nosso lado.

A ausência se torna rotina, a incerteza define os dias, e a autoestima se resume ao tempo entre uma resposta e outra. Ajustamos nossas expectativas, nos retraímos para sermos mais fáceis de lidar e racionalizamos a negligência como um teste de paciência. O ar é pesado, as promessas são adiadas, e o tempo passa sem mudanças. Até que percebemos: a porta sempre esteve aberta. O que nos manteve ali não foi a impossibilidade de sair, mas o condicionamento de acreditar que a saída era, por si só, um fracasso — um sinal de que desistimos cedo demais, de que não fomos fortes o suficiente para merecer o final feliz prometido.

Fingimos que a falta é só uma fase, reduzimos a autoestima até que ela caiba no espaço que o outro permite. O tempo vira um ciclo fechado: quando algo finalmente acontece, já não é suficiente — mas ainda é o bastante para impedir a partida. A promessa de que "agora vai ser diferente" se torna um convite irresistível para mais uma rodada de esperança, mais um giro na roleta da decepção. A cultura da espera nos fez acreditar que o amor está sempre distante, e que desistir antes de conquistá-lo é admitir a derrota.

Se a cultura da espera nos condiciona a acreditar que a paciência é o caminho para o amor, então o que acontece quando recusamos esse papel? Sair desse ciclo não é só um ato de lucidez — é também um processo de luto. Luto por tudo que projetamos, por tudo que imaginamos que um dia poderia ter sido, por tudo que acreditamos que merecíamos em troca da nossa resiliência. Desistir da espera é aceitar que algumas histórias nunca tiveram um futuro, por mais que nos esforçássemos para criá-lo. É admitir que o amor não é uma equação em que a dedicação gera retorno, que não importa o quanto nos moldemos para caber em um espaço apertado, porque esse espaço nunca foi nosso.

O que vem depois do fim da espera não é apenas um novo modelo de relacionamento, mas uma nova forma de estar no mundo. Um mundo onde não há mais apostas emocionais vazias, onde a ausência do outro não é um convite à interpretação, onde nosso tempo não é mais desperdiçado na tentativa de justificar a inércia alheia. Mas essa transição não acontece de forma imediata. Há um incômodo espaço entre sair da cultura da espera e entender que merecemos um amor diferente. Ele exige que a gente desaprenda padrões profundamente arraigados, que resista à tentação de voltar para a zona de conforto da insistência, que encontre valor fora da lógica do sacrifício. É um processo de desprogramação, de reaprendizado, de reconstrução da autoestima em bases mais sólidas.

Não se trata apenas de "sair de um relacionamento" ou "esquecer um ex". Trata-se de algo maior: a decisão de não existir mais dentro de uma dinâmica que nos coloca sempre em segundo plano. De não medir mais nosso valor pela quantidade de silêncio que conseguimos suportar. De recusar a narrativa de que o amor precisa ser conquistado e começar a viver o tipo de amor que simplesmente acontece — sem migalhas, sem ausências disfarçadas de mistério, sem precisar esperar pelo mínimo.

Amor-próprio adestrado

O discurso do "amor-próprio em primeiro lugar" é como a música ambiente da sala de espera amorosa. No início soa válido e até agradável, mas, repetido à exaustão, vira um teste à nossa sanidade. Para que a espera pareça produtiva, nos dizem que não estamos esperando, e sim nos cuidando, nos tornando a mulher que, enfim, aprenderá a se amar antes de tudo.

Nos últimos anos, o amor-próprio passou por uma mutação curiosa. Antes, era um conceito subversivo — uma declaração de autonomia em um mundo que define a mulher pelo quanto ela se doa aos outros, mas quase nunca olha para si mesma. Agora, transformou-se em um projeto de otimização contínua, um novo modelo de desempenho.

A exigência do amor-próprio deixou de ser um convite à liberdade e se tornou um contrato com cláusulas ocultas. Não basta se amar — é preciso exibir essa autossuficiência com confiança irrepreensível, estética impecável e estabilidade emocional inabalável. Como em todo mercado bem estruturado, há um produto para cada uma dessas demandas: skincare para demonstrar que você se cuida, terapia para provar que você se resolve sozinha, coaching para garantir que você "vibra na frequência certa".

O discurso da autoestima feminina foi sequestrado por um mercado que converte a busca por bem-estar em mais uma oportunidade de consumo. Se sentir bem consigo mesma virou uma exigência que demanda investimento constante em produtos, rituais e performances de autocuidado. Em nossa última conversa, a professora Valeska Zanello chamou isso de "amor-próprio colonizado": a ideia de que a libertação feminina pode ser comprada, que a autonomia está no consumo da imagem certa, do corpo certo, do equilíbrio emocional perfeito.

Zanello argumenta que as mulheres foram treinadas para buscar reconhecimento nos olhos dos outros, e a forma como aprendemos a nos amar ainda carrega essa marca. O empoderamento que circula nas redes sociais muitas vezes não passa de uma versão reformulada da mesma estrutura opressora: apenas mudamos as regras do jogo, mas seguimos jogando. Se Valeska me permitir, gostaria também de usar o termo "amor-próprio adestrado" — porque não liberta, disciplina.

Hoje, o amor-próprio é mais do que um conceito pessoal — ele é um diferencial competitivo. Não basta se amar, é preciso ser admirada por se amar. A mulher emocionalmente estável, que se resolve sozinha, que sabe se colocar, virou um modelo desejável não apenas no romance, mas no trabalho, na publicidade e na amizade. A autoestima virou um símbolo de competência, e essa competência é lucrativa. A mulher que não precisa de ninguém é mais eficiente, mais produtiva, mais vendável.

Renata Salecl, filósofa e socióloga eslovena, explora como o amor-próprio passou de um gesto de aceitação a um projeto de desempenho. Em suas análises, ela mostra como a obsessão contemporânea pela autossuficiência emocional criou um novo padrão de excelência pessoal, em que a valorização de alguém passa a ser medida pelo quanto ela se aprimora. O que antes era uma prática de cuidado virou mais uma obrigação, com metas, prazos e métricas de sucesso. Em vez de libertador, o amor-próprio se tornou um processo interminável de autogerenciamento, sempre com a promessa de que a plenitude está a um passo de distância — desde que você continue tentando.

Em seu livro *The Tyranny of Choice* [A tirania da escolha], Salecl argumenta que a multiplicidade de opções na vida moderna, longe de trazer liberdade, gera paralisia e culpa. A ideia de que somos totalmente responsáveis por nossa felicidade cria um ciclo de autoavaliação constante: se você ainda não está plena, a falha é sua. O amor-próprio entra nesse jogo como mais um produto de mercado, embalado pela promessa de que, ao atingir a versão final de si mesma — emocionalmente equilibrada, produtiva, espiritualmente elevada —, a mulher encontrará satisfação. Mas, como Salecl aponta, essa busca não tem fim. Cada conquista só revela uma nova falta, mantendo a roda girando.

A promessa era que, ao nos amarmos de forma incondicional, nos tornaríamos invulneráveis. Mas o que se vende como libertação na verdade nos mantém presas a um sistema de performance. Primeiro, disseram que deveríamos ser desejáveis. Depois, que deveríamos ser autossuficientes. Agora, a exigência é a estabilidade emocional impecável. A mulher ideal não é apenas aquela que se ama, mas aquela que faz isso com a precisão de um algoritmo, sem excessos, sem traumas, sem margem para erro.

Essa lógica transforma qualquer falha em um desvio pessoal, nunca em um sintoma estrutural. O fracasso de uma relação, a falta de reciprocidade, o afastamento do outro — tudo se transforma em um indicativo de que não fomos plenas o suficiente. Se todo erro, todo descompasso, toda ausência é interpretada como um reflexo do nosso próprio desalinhamento, passamos a aceitar o mínimo e a racionalizar negligências. Se a outra pessoa não está presente, talvez eu não tenha me amado o suficiente. Se não me prioriza, talvez eu ainda precise evoluir. Dentro dessa ótica, o problema nunca está na falta de reciprocidade, mas na nossa incapacidade de ser tão luminosas a ponto de o outro se sentir compelido a ficar.

Mas essa exigência nem sequer é universal. Algumas mulheres passam a vida esperando serem vistas como dignas de amor, enquanto outras nunca receberam a garantia de que esse amor chegaria. Para mulheres negras, gordas, lésbicas ou com deficiência, o amor-próprio não é um exercício de autoestima — é sobrevivência. Um antídoto contra a exclusão que sempre as colocou fora do ideal romântico. O discurso de que "o amor vem para quem se ama" se espalha como uma verdade universal, mas ignora o fato de que algumas nem sequer foram convidadas para esse jogo.

Se antes a feminilidade exigia doçura e sacrifício, agora exige equilíbrio e positividade inabaláveis. Você pode estar exausta, frustrada, angustiada, mas precisa manter a compostura. A dor deve ser transformada em aprendizado, a insegurança, em crescimento pessoal, o cansaço, em mais um lembrete de que só você pode se salvar. Nenhum sentimento pode apenas existir. Tudo precisa ser aprimorado, polido, ressignificado e postado.

No entanto, a promessa de plenitude por meio do autoaperfeiçoamento é uma ilusão cruel. A cada conquista, uma nova exigência surge: não basta ser independente, é preciso estar confortável com a própria solidão. Não basta ser emocionalmente equilibrada, é preciso ser espiritualmente elevada, vibrar na frequência certa, exalar gratidão no feed. O que parecia um caminho para a autonomia se revela apenas uma escada rolante sem fim, na qual nunca chegamos ao topo, apenas seguimos nos ajustando para continuar no jogo.

Outro ponto essencial que Salecl destaca é como essa obsessão pela autossuficiência mascara a nossa natureza relacional. A promessa de que "você só será amada quando se amar" não apenas individualiza a responsabilidade pelo afeto, como também ignora o fato de que o amor é, por definição, um processo compartilhado. "A sociedade transforma até a solidão em um sinal de falha individual, como se não ter companhia fosse prova de incompetência emocional", observa Salecl. Em vez de questionar as estruturas que nos isolam, o discurso do amor-próprio sugere que a solução está sempre dentro de nós — como se bastasse um ajuste interno para que todas as carências desaparecessem.

Como André Alves, especialista em estudos sobre masculinidade, bem lembrou em uma de nossas conversas: "O bebê humano, colocado apenas numa situação de alimentação, sem circuito afetivo, morre". Somos animais relacionais. Tentamos negar isso, mas o corpo sabe. O afeto não é um luxo, é uma necessidade biológica. O erro não está em desejar o amor, mas em aceitarmos a versão distorcida dele que nos é imposta — aquela que nos obriga a caber em modelos de feminilidade limitados, que exige que nos tornemos cada vez mais desejáveis, cada vez mais imperturbáveis, cada vez mais sozinhas. No fim, essa busca por "ser suficiente" não nos liberta, apenas reforça a ideia de que, se ainda não temos o que queremos, a falha é exclusivamente nossa.

SINTOMAS DE ESPERA

E assim, seguimos esperando. Mas a verdade incômoda é que a espera não deixa de existir só porque aprendemos a disfarçá-la. Fazemos de tudo para que ninguém perceba que ainda estamos sentadas ali, à espera. A regra é clara: jamais devemos parecer aquelas que estão esperando para serem chamadas. Esperar com dignidade é quase um mandamento. Quem demonstra impaciência se expõe demais.

O mercado do amor-próprio nos vende a ideia de que essa espera pode ser produtiva. Se fizermos tudo certo — se estivermos equilibradas, confiantes, radiantes —, o que desejamos nos encontrará. Mas essa lógica ignora um fato essencial: a promessa de que basta "ser suficiente" para que algo aconteça é, na verdade, um truque. O tempo passa, seguimos nos aprimorando, nos moldando, nos dedicando a provar que não precisamos de nada. E, ainda assim, seguimos esperando.

O amor-próprio adestrado não nos ensina a desistir da espera, apenas a camuflá-la melhor. Aprendemos que, se estivermos sempre evoluindo, curadas, equilibradas, então, um dia, seremos reconhecidas. A lógica da espera não desaparece — ela apenas troca de nome. Já não esperamos passivamente, como as mulheres do século XIX, mas nos mantemos em constante aperfeiçoamento, alimentando a ilusão de que o amor virá como uma consequência natural do nosso esforço. Se ele não chega, a culpa nunca é do sistema, mas da nossa falha em atingir a versão ideal de nós mesmas.

No início, acreditamos que chegamos na hora certa, que fizemos tudo como deveria ser feito: pegamos a senha, nos acomodamos, mantivemos a postura. Há um otimismo controlado no ar, certo alívio por finalmente estar ali, investindo em nós mesmas, prontas para sermos atendidas. Mas, com o tempo, a espera se arrasta, a impaciência cresce e a promessa de que, em algum momento, a nossa vez chegará começa a parecer um truque.

Então olhamos ao redor e percebemos que todas as outras mulheres também estão esperando. Algumas entretidas em suas rotinas de autocuidado, outras disciplinadas em seus rituais, assistindo a vídeos sobre hábitos extraterrestres no TikTok. Há quem finja não estar ansiosa, há quem tente se convencer de que a espera faz parte do processo. Mas todas carregam a mesma dúvida silenciosa: o que exatamente estamos esperando?

Para piorar (sim), existe uma camada invisível nessa espera — uma rivalidade. Se a fila não anda para todas ao mesmo tempo, significa que alguém será chamada antes.

A lógica da escassez transforma a sala de espera em um campo de batalha silencioso. Medimos quem parece mais resolvida, mais evoluída, mais perto de alcançar a promessa do autoamor bem-sucedido. Quem esconde melhor a vulnerabilidade? Quem domina a performance da independência emocional? Se outra mulher conseguiu sair da sala antes, significa que fez algo melhor, se esforçou mais, evoluiu primeiro.

Se a mulher idealizada é sempre aquela que aprendeu a não precisar, então a maior prova de valor é quem demonstra menos necessidade. A busca pela melhor versão de si mesma se torna um jogo no qual sempre há alguém à frente. O sistema nos mantém eternamente correndo atrás de uma meta inatingível e, ao mesmo tempo, nos coloca umas contra as outras — porque, em um mundo que nos ensina que o amor é escasso, a felicidade de uma mulher pode parecer a derrota de outra.

Essa rivalidade não se apresenta de forma aberta. Pelo contrário, ela vem embrulhada em discursos sobre sororidade e empoderamento. Mas a busca pelo amor-próprio continua sendo um projeto individualista e meritocrático. Se outra mulher parece ter atingido esse estado de plenitude antes, a culpa recai sobre quem ainda não chegou lá. O amor-próprio, que deveria ser um caminho de libertação, se transforma em mais um critério de avaliação: quem soube se bastar, quem seguiu em frente sem precisar de ninguém, quem se tornou inabalável, sem mostrar o esforço que isso custou.

A lógica da "melhor versão" incentiva a comparação. O sucesso alheio se torna um termômetro de inadequação. Se outra mulher aparenta mais confiança, mais desapego, mais controle, isso se transforma em um lembrete de que ainda há ajustes a serem feitos. A culpa nunca recai sobre o sistema, mas sobre a própria incapacidade de atingir um estado emocional plenamente otimizado.

Quando cada sofrimento é tratado como uma falha individual, perdemos a noção de que o mal-estar é coletivo. O amor-próprio não deveria ser um antídoto para dores estruturais, mas uma ferramenta para reconhecê-las, compartilhá-las e combatê-las. Só que, enquanto estivermos ocupadas tentando resolver tudo sozinhas, continuaremos acreditando que, se algo não está funcionando, é porque o problema está em nós.

Eva Illouz investiga como a promessa do amor foi transformada em um cálculo de oferta e demanda, em que a reciprocidade deu lugar a uma lógica de escassez e competição. O afeto, antes visto como uma experiência relacional, virou um ativo que precisa ser conquistado. E as mulheres foram treinadas para acreditar que, se fizerem tudo certo — se forem desejáveis na medida exata, se tiverem autoestima na temperatura certa —, então serão recompensadas. O problema é que essa fatura nunca chega paga. A sala de espera amorosa não tem fila preferencial e nunca chama pelo nosso nome. O tempo passa, seguimos nos aprimorando, nos moldando, nos ocupando em provar que não precisamos de nada.

O que chamamos de escolha muitas vezes não passa de uma adaptação às circunstâncias impostas. O conceito da ilusão da escolha, amplamente discutido pelo psicólogo norte-americano Barry Schwartz em seu livro *O paradoxo da escolha: por que mais é menos*, ajuda a entender como, mesmo quando acreditamos estar no controle das nossas decisões, estamos apenas operando dentro das opções que nos foram apresentadas.

A ilusão da escolha se manifesta na forma como somos ensinadas a acreditar que a felicidade é uma questão puramente individual. Em vez de reconhecermos o impacto das desigualdades afetivas e dos ciclos de poder nos relacionamentos, nos dizem que basta "se amar o suficiente" para atrair conexões saudáveis. Como explica Eva Illouz, o amor virou um campo de batalha invisível, onde a regra não é a reciprocidade, mas o jogo de forças: quem deseja menos vence. Nesse cenário, a independência parece uma decisão, mas muitas vezes é apenas a alternativa menos arriscada para evitar a humilhação da vulnerabilidade.

A romantização da independência é um ótimo exemplo disso. Parece uma opção, mas muitas vezes não passa de uma adaptação ao fato de que depender do outro ficou perigoso. Aprendemos que vulnerabilidade é fraqueza, que demonstrar necessidade é dar um passo em falso, que a melhor estratégia é sempre manter o controle. E então passamos a chamar de desejo aquilo que, na verdade, foi o único caminho viável. Como Illouz explica, o amor virou um jogo de equilíbrio, onde demonstrar menos interesse significa deter mais poder. Nesse cenário, a independência parece uma decisão, mas muitas vezes é só a única alternativa possível dentro de um contexto em que confiar no outro virou um risco alto demais.

Esse discurso mascara o fato de que a estrutura continua funcionando contra nós. Se a mulher se sente sobrecarregada, a solução não é questionar o sistema, mas fazer terapia. Se um relacionamento não lhe dá segurança emocional, a culpa é dela por não se amar o suficiente. A narrativa da autossuficiência absoluta não emancipa, apenas desloca a responsabilidade para os ombros das mulheres, enquanto as desigualdades permanecem intocadas.

A diferença entre empoderamento e emancipação está justamente aí. O empoderamento ensina que, se jogarmos bem, podemos conquistar espaço dentro do que já existe. A emancipação exige que o amor-próprio deixe de ser mais uma forma de performar para os outros. Amar a si mesma não deve ser um esforço contínuo para se provar suficiente dentro das regras do desejo. Deve ser um espaço onde a necessidade do outro não seja uma falha, onde o autocuidado não seja uma obrigação mercadológica e onde a liberdade esteja menos em negar o amor e mais em se permitir vivê-lo sem medo de perder algo no processo.

O amor-próprio, quando sequestrado por essa lógica, não nos ensina a amar a nós mesmas, mas a nos administrarmos. Não emancipa — adestra. Ele não nos prepara para relações genuínas, mas para performarmos estabilidade emocional diante de um sistema que nunca esteve interessado em nossa liberdade, apenas na nossa eficiência. O empoderamento dentro dessas regras se torna um projeto individualista, no qual a mulher bem-sucedida não é a que constrói laços sólidos, mas a que aprende a seguir sozinha sem parecer que sente falta de algo. A verdadeira emancipação não está em provar que conseguimos nos bastar, mas em nos permitirmos existir sem medo de precisar.

Mas nem toda solidão é escolhida. A narrativa da autossuficiência mascara estruturas que produzem isolamento: racismo, capacitismo, transfobia e a invisibilização do desejo entre mulheres. Para muitas mulheres lésbicas, o amor-próprio se torna um exercício de sobrevivência em um contexto que ainda trata o afeto entre elas como algo menos legítimo. Enquanto o discurso da autossuficiência sugere que "o amor-próprio basta", a realidade é que o isolamento afetivo não decorre apenas de escolhas individuais, mas de um sistema que as empurra para uma posição periférica dentro das narrativas de romance.

A emancipação não exige que sejamos infalíveis. Ela não nos obriga a carregar sozinhas o peso de todas as nossas dores. A verdadeira liberdade não está em provar que conseguimos nos bastar, mas em construir relações onde não tenhamos que fingir que não precisamos de ninguém. Reivindicar o direito ao afeto, à reciprocidade e ao cuidado não é retrocesso — é uma recusa em aceitar que a única forma de existir com dignidade é abrir mão do desejo por conexão.

Frases como "ninguém vai te amar se você não se amar primeiro" ou "valorize-se que ele vem atrás" transformam a experiência afetiva em uma transação. A ideia é que, se o amor não chegou, algo em você ainda está desalinhado. O erro não está na estrutura dos relacionamentos ou na desigualdade afetiva entre homens e mulheres, mas na falha individual em atingir o nível de amor-próprio necessário para ser escolhida.

O amor se torna um prêmio. Se ele não acontece, significa que ainda há algo a ser consertado. O amor-próprio, que deveria ser um ato de cuidado, vira um teste de competência. A competitividade feminina migra da aparência para a estabilidade emocional. Agora, o objetivo é quem alcança a paz antes, quem consegue se desprender primeiro, quem domina melhor a arte do desapego estratégico. Cada interação se torna um cálculo: como não demonstrar necessidade, como parecer emocionalmente blindada, sem perder a ternura na medida certa.

A versão adestrada do amor-próprio nunca se conclui, há sempre um nível de evolução pessoal a ser alcançado. O discurso de "se amar acima de tudo" não liberta, apenas substitui uma exigência por outra. Se antes a mulher ideal era submissa e delicada, agora precisa ser imperturbável e autossuficiente. Mas a estrutura continua a mesma: um conjunto de requisitos a serem cumpridos para a mulher ser considerada digna de afeto.

As mulheres que não se encaixam nesse modelo são afastadas do centro do discurso. Quem assume sua vulnerabilidade sem tentar disfarçá-la é vista como alguém que falhou. O sistema pune aquelas que não fingem desapego, que não escondem o desejo, que não se encaixam na narrativa da mulher que está totalmente resolvida. Aquelas que ainda demonstram querer amor são tratadas como ingênuas ou desesperadas. As que assumem suas fragilidades são vistas como fracas. O ideal da independência absoluta coloca o vínculo afetivo como algo a ser superado, como se a liberdade feminina dependesse da habilidade de parecer sempre satisfeita sozinha.

O amor-próprio deveria ser um espaço de acolhimento, não um critério de aprovação. Mas, na lógica imposta, ele se torna mais um requisito. A busca por autonomia emocional vira uma cobrança ininterrupta. A possibilidade de precisar do outro sem que isso signifique fragilidade desaparece. O que deveria ser liberdade acaba se tornando mais uma forma de domesticação.

O verdadeiro amor-próprio não nos ensina a esperar pelo amor, nem a esconder nossa necessidade de afeto sob camadas de otimismo estratégico. Ele nos ensina que não precisamos merecer amor como se fosse um prêmio de resistência emocional. Que nossa vulnerabilidade não é um defeito a ser corrigido. Que o desejo por conexão não é um sinal de fraqueza, mas uma parte inegociável da nossa humanidade. E que, no fim das contas, amor-próprio não é aprender a se bastar — é não precisar provar que conseguimos.

Haréns contemporâneos

Há um tipo de homem progressista que já foi o ideal de muitas mulheres. Ele lê bell hooks ou, pelo menos, já ouviu falar dela. Com um toque de sofisticação, usa "patriarcado" e "masculinidade tóxica" em conversas casuais. Talvez tenha mencionado "afeto como resistência" em um encontro romântico. Quem sabe ele até já tenha escutado o *Bom Dia, Obvious*. Mas, quando chega o momento do amor e do desejo, sua revolução capota no primeiro sinal de desconforto.

Se diz não monogâmico por natureza, como se sua libido operasse acima das estruturas sociais. Enquanto bola um tabaco, disserta sobre como o *ghosting* é um direito afetivo. Ele se diz envergonhado por ter traído namoradas no passado, mas está sempre curtindo os stories de mulheres, mesmo estando em um relacionamento. Para ele, a monogamia é sempre o tema mais urgente quando se trata de relacionamentos — desde que seja debatida sob seus próprios termos.

A pesquisa da psicanalista Mariana Ribeiro sobre ciúmes e exclusividade amorosa atinge um território já conhecido: o desejo masculino de controle sobre as regras do jogo, mesmo quando disfarçado de teoria progressista. Ela destaca — e muitas mulheres já sabem sem precisar de pesquisa acadêmica — que o sistema monogâmico nunca foi projetado para restringir os homens, mas para protegê-los. Quando eles começaram a questioná-lo, não foi porque se sentiram injustiçados, mas porque viram uma ali a oportunidade de manter todas as opções abertas sem precisar lidar com as consequências emocionais.

A não monogamia, assim como a monogamia, pode ser uma escolha ética e responsável. Mas quando vira ferramenta para a exaltação do próprio ego ou justificativa para fugir da responsabilidade afetiva, perde qualquer valor. Amar — em qualquer configuração — sempre envolve algum nível de renúncia. Mas esses caras querem tudo.

Essa dinâmica não é nova. Poder e sexualidade sempre caminharam juntos, e o controle sobre o desejo do outro tem sido historicamente uma vantagem masculina. Em outros tempos, apenas homens de alta estirpe — reis, nobres, militares — podiam se permitir ter um "harém" pessoal, em que seus desejos eram o foco enquanto o compromisso era considerado um mero detalhe. Hoje, essa lógica se atualizou. Munidos do poder da indiferença, muitos homens mantêm um controle quase absoluto sobre suas relações, assegurando que nunca se comprometem a ponto de perder sua autonomia. Eles evitam ficar presos a uma mulher, administrando o ritmo da relação conforme sua conveniência.

Quando encontram mulheres que não aceitam esse jogo, que deixam claro o que querem e recusam as regras estabelecidas, eles não precisam recorrer à repressão ou à violência, como no passado. Basta ignorá-las. A falta de resposta e a ausência de reciprocidade emocional são as novas formas de punição. Mas há outra forma de punição, mais sutil e difusa, que não vem pela ausência, mas pelo excesso — um excesso de conversas que não se aprofundam, de reações mornas, de mensagens vazias que apenas ocupam espaço sem levar a lugar algum.

O conversante é aquele que nunca desaparece, mas também não se mostra totalmente presente. Ele envia mensagens aleatórias, reage a stories de maneira esporádica e joga migalhas de interesse só para manter vivo um terreno de expectativas vazias. Perpetuando uma ideia distorcida de poder, ele alimenta tanto suas inseguranças quanto seu desejo de atenção, acumulando vínculos como se fossem moedas emocionais, sempre acessíveis, mas nunca concretos. Ele não precisa escolher nada — a tecnologia e a cultura da espera fazem isso por ele.

Não há mais cartas escritas à mão ou promessas de um futuro ao seu lado — agora, o amor se sustenta na expectativa de um emoji, de uma reação a um story, de um visto que nunca se transforma em resposta. O jogo não se baseia na presença, mas na dosagem calculada de ausência.

Essa gincana também funciona como uma geladeira emocional, em que alguém com quem você já saiu, transou e trocou confidências simplesmente não tem coragem de dizer que não tem intenção de repetir. A conversa segue na mesma frequência, mas qualquer sugestão de encontro desaparece. É uma manutenção mínima do contato, que nunca chega ao ponto de dizer o que precisa ser dito. Se isso é melhor ou pior do que o *ghosting*, fica ao gosto da freguesa.

Foi assim que percebi que estava nesse limbo ridículo, quando o silêncio sobre o que realmente importava foi substituído por conversas que não diziam nada — uma cortina de fumaça que disfarçava a ausência de intenção. O último ato foi um áudio descrevendo uma larica da tarde que, além de tudo, revelou que a infantilidade dele também se refletia no paladar. Ficou claro que ele havia jogado no meu colo o trabalho emocional de dar o ponto final, deixando para mim a decência que faltava nele.

O professor britânico Chris Haywood, que leciona na área de estudos críticos da masculinidade, expõe em seu livro *Men, Masculinity and Contemporary Dating* [Homens, masculinidade e o namoro contemporâneo], essa realidade pela visão masculina. Sua pesquisa com jovens de 18 a 24 anos mostra uma dinâmica clara, mas cansativa. Para os homens, os aplicativos são como um jogo. Eles buscam mais *matches*, interações e confirmações de sua própria atratividade. Quanto mais, melhor. Haywood descobriu algo que Eva Illouz já sabia: o distanciamento emocional masculino é a norma, não uma exceção. O desapego não é apenas um problema de comunicação a ser resolvido com mais paciência e diálogos honestos, ele é a base da masculinidade contemporânea.

Em um dos atos de *Why Love Hurts: A Sociological Explanation* [Por que o amor dói: uma explicação sociológica], Illouz desvenda o dilema do desapego masculino. Segundo ela, o problema central está nas teorias que retratam os homens como emocionalmente deficientes. Essas teorias partem do pressuposto de que relacionamentos sérios são a norma e consideram a recusa a eles uma falha. Mas e se a frieza masculina for vista de outra forma? E se, em vez de ser uma limitação emocional, ela representar um projeto brilhante de manutenção do poder?

Os entrevistados por Haywood não hesitaram em confessar um padrão. A indiferença se revela como uma ferramenta, um código silencioso entre eles. Aprenderam que desejar demais, demonstrar demais ou investir demais é um sinal de fraqueza. "Quem gosta menos realmente controla a situação", afirmam.

O homem que some sem explicação não está apenas sendo imaturo; ele está exercendo um privilégio historicamente assegurado: o de decidir quando, como e se quer estar presente. Sua indiferença não é desorganização emocional, mas estratégia. É um vácuo intencional que empurra o outro lado a preencher as lacunas. Eles não são distraídos, não são desatentos, não são incapazes de se envolver — apenas entenderam que a falta de compromisso joga a seu favor. No fim, nada protege mais sua autonomia do que a possibilidade de ir embora sem precisar prestar contas.

Mas nem todo tipo que se esquiva de um relacionamento faz isso com um silêncio indiferente. Alguns descobriram que a melhor forma de manter esse jogo em funcionamento é disfarçá-lo como consciência política. Se o desapego emocional virou estratégia, o esquerdomacho encontrou um jeito de transformá-lo em tese.

A sedução desse tipo de homem está em fazer as mulheres acreditarem que sua indiferença não é desinteresse, mas um traço de profundidade intelectual. Ele diz que não quer rótulos, que "o amor deve ser livre", como se isso o tornasse iluminado e não apenas convenientemente evasivo. Ele desaparece sem explicações, volta como se nada tivesse acontecido e, quando confrontado, veste a máscara da calma superior. Ele não quer "alimentar conflito", como se assumir a responsabilidade por seu comportamento fosse um desperdício de energia, e não apenas o mínimo. Tudo isso embrulhado em um discurso sobre consciência política, como se a recusa em definir uma relação fosse um ato revolucionário, e não apenas uma forma eficiente de manter todas as opções em aberto sem precisar oferecer nada em troca.

Esse comportamento não é aleatório — ele é um sintoma do Mandato da Masculinidade, conceito central no pensamento de Rita Segato.

O patriarcado exige que os homens exerçam poder sobre as mulheres, mas isso não significa mais o domínio explícito. Agora, o controle se manifesta na recusa em se comprometer, na maneira como a proximidade se torna uma moeda e a ausência, uma arma. O homem emocionalmente inacessível não está apenas fazendo escolhas individuais, ele está reafirmando um modelo de masculinidade que define o poder como autonomia irrestrita. Ele precisa estar sempre um passo à frente, sempre inalcançável, sempre no controle.

A falta de cuidado emocional não é um lapso — é uma estratégia. Se antes o controle era exercido pela posse, agora ele se dá pela escassez. O homem que some sem explicação não está sendo distraído ou imaturo; ele está exercendo um privilégio historicamente garantido: o de decidir quando, como e se quer estar presente. Se antes a desculpa era o instinto masculino incontrolável, agora é a fluidez afetiva. Se antes o distanciamento era visto como frieza, agora é vendido como liberdade. E, no fim, a mulher que ousa cobrar presença, reciprocidade, comprometimento, é rotulada de carente, dependente, intensa demais. Como se desejar mais do que um fantasma fosse um erro, e não um direito.

O amor não é um jogo em que todos jogam em igualdade; é um baile de opostos, uma dança na qual homens e mulheres pisam em ritmos distintos. Para eles, o amor frequentemente simboliza uma queda de status, como um castelo de cartas que desmorona. Para nós, é um objetivo brilhante, uma conquista social que traz estabilidade e satisfação. Enquanto os homens são incentivados a prolongar a espera pelo amor, como se a liberdade fosse um tesouro, as mulheres são criadas para ansiar por esse sentimento, medindo seu valor pelo amor que encontram. Na ausência dele, a sensação de fracasso paira no ar, como um eco persistente.

Essa assimetria não é mero acaso, é um enigma cultural. A cultura da espera nos moldou, ensinando que paciência traz recompensas. Ser escolhida parece um prêmio para quem evita pressionar. Relacionamentos sérios se transformam em troféus para as que jogam bem. Mas a dura realidade é que essa espera alimenta uma ilusão. O envolvimento masculino não é um reconhecimento da nossa lealdade emocional. Ele surge apenas quando, e se, convém a eles.

É por isso que, diante da chance de um compromisso, homens sentem FOMO e mulheres sentem UFA. FOMO (*fear of missing out*) ou o medo de estar perdendo algo, define bem: há sempre um receio difuso de que algo melhor pode surgir, de que dizer "sim" para alguém significa fechar a porta para todas as outras possibilidades. Por isso, a decisão de se comprometer é adiada até o limite — e, muitas vezes, mesmo depois de tomada, a sensação de perda continua rondando. Para nós, mulheres, o sentimento é o oposto: UFA. Um alívio finalmente poder sair do estado de espera e da pressão social que nos ensina que um relacionamento sério é sinônimo de realização. Mas esse alívio não é necessariamente uma felicidade genuína — ele carrega, no fundo, a sensação de que fomos escolhidas, como se essa validação fosse o maior indicativo de nosso valor.

Quando, ao final de nossa entrevista, eu já cogitava iniciar um ano de celibato, perguntei a Valeska Zanello por que tantos homens pareciam incapazes de assumir uma relação sem que isso lhes parecesse um sacrifício. Com a precisão de quem há anos estuda os afetos sob a ótica do poder, ela respondeu que o homem só permanece quando está genuinamente apaixonado, porque o dispositivo amoroso ao qual ele está submetido o faz questionar suas escolhas o tempo inteiro. Ele olha para o lado e pondera se vale a pena continuar com alguém que, inevitavelmente, exigirá dele um amadurecimento emocional.

O efeito dessa assimetria é evidente. Para os homens, a entrada em um relacionamento é cercada de alertas sobre tudo o que será perdido, por isso as despedidas de solteiro com tom de último suspiro da liberdade e as piadas sobre a vida de casado como um fardo. Já para as mulheres, essa indefinição se torna um teste, um espaço em que precisamos provar nossa "leveza" e nosso "desprendimento" para, quem sabe, um dia, sermos "recompensadas" com um título: namorada, parceira, esposa.

A narrativa da mulher de boa não existe isoladamente, ela opera num sistema em que o privilégio da falta de rótulos é amplamente concedido aos homens. Enquanto a mulher "fácil de lidar" internaliza a expectativa de não exigir, de se moldar às necessidades do outro, os homens ocupam a posição de controle: são eles que definem o ritmo, a profundidade e, principalmente, o status da relação.

Enquanto alguns são encorajados a manter portas entreabertas, nós ficamos rotuladas. Prolongar decisões parece ser o mantra deles, mas somos vistas como ansiosas. Buscamos clareza e, com isso, carregamos o estigma de carentes. Esse desequilíbrio perpetua a ideia de que o controle das relações é quase sempre masculino. E, convenhamos, isso não é mera coincidência. Como menciona Laura Kipnis em *Contra o amor*, o amor romântico foi moldado para deixar as mulheres em um eterno estado de espera, enquanto os homens navegam livremente por mares de possibilidades.

Mas, mesmo nesse jogo desigual, a responsabilidade ainda cai sobre nossas costas. Esperam que sejamos nós a ensinar os homens a sentir, a se relacionar e a amadurecer emocionalmente. Esse é apenas mais um trabalho invisível que nos impõem. O preço desse esforço nunca é pago por eles; quem se sente exausta e frustrada, sempre buscando fazer mais, somos nós.

Para André Alves, essa indiferença masculina não é apenas uma estratégia de poder sobre as mulheres — é também um escudo. Segundo ele, a gramática relacional de muitos homens é extremamente limitada, não só por escolha, mas por uma dificuldade real de nomear o que sentem.

O silêncio não é apenas um sussurro. É a única forma segura de existir, pois evita riscos. Como André disse muito bem, "libido sem nome é angústia". Ele completa essa ideia ao descrever a estrutura da masculinidade: não faça isso, não sinta aquilo, não diga aquilo. A sociedade ensina aos homens, de forma implacável, que há sentimentos que devem permanecer escondidos. Desejos não devem ser revelados, vínculos não devem se aprofundar. Esse desligamento quase instintivo surge antes mesmo de se refletir acerca dele, agindo como um escudo de autopreservação.

Eles não aprenderam a reconhecer e processar emoções abertamente. Em vez disso, foram ensinados a neutralizá-las, evitá-las e escondê-las. E quando a intimidade ameaça romper essa barreira, a reação mais natural é recuar.

Esse empobrecimento emocional não acontece por acaso. É uma construção social bem documentada. André apontou que pesquisas, documentários e livros revelam um padrão claro. Muitos homens têm dificuldade em falar sobre si mesmos. Isso não é uma falha pessoal, mas sim resultado da socialização que tiveram.

Valeska Zanello reforça essa ideia ao afirmar que a construção da masculinidade dentro do dispositivo amoroso passa pelo endurecimento e pelo distanciamento emocional. Desde cedo, os meninos aprendem que demonstrar sensibilidade ou desnudez emocional não apenas os fragiliza, mas também ameaça sua posição no grupo. A afetividade masculina é podada desde a infância, e o custo emocional de sentir torna-se tão alto que muitos simplesmente escolhem não pagar.

Não quero que você pense que estou passando pano para homens irresponsáveis emocionalmente; entenda que estar ciente de que as atitudes são resultado de uma doutrinação não retira o peso da responsabilidade deles e, definitivamente, não nos obriga a ser compreensivas. A mudança desse cenário exige mais do que uma simples recusa. É preciso imaginar novas formas de viver o amor, de construir relações que não se equilibrem na desigualdade.

A beleza da ficção científica, como a jornalista Emily Witt pontua em seu livro *Future Sex: A New Kind of Free Love* [Sexo do futuro: um novo tipo de amor livre], é que seus autores nunca precisaram resolver a logística de como chegaríamos ao futuro. Na ficção, o futuro costuma ser retratado como um fato consumado, uma realidade já estabelecida, na qual novas configurações sociais estão plenamente instauradas, sem que precise ser explicado o árduo caminho até essas mudanças serem firmadas. Mas, no mundo real, esse processo não é instantâneo. Exige esforço, confronto e escolhas. Mais do que isso, exige que questionemos estruturas que sempre aceitamos como inevitáveis, mas que, na verdade, sempre favoreceram apenas um lado.

Na vida real, não há atalhos. As dinâmicas de poder nos relacionamentos não mudam porque percebemos que elas existem — mudam porque decidimos não mais sustentá-las. O que a vida real nos mostra, sempre, é que as transições são caóticas. Romper com a lógica que favorece a indiferença masculina não é um processo simples, porque o peso das normas e expectativas tradicionais ainda nos mantém presas a estruturas que parecem inabaláveis. Então, o que fazer?

Mais uma vez, não tenho respostas prontas, apenas minha experiência para compartilhar. Primeiro, precisamos parar de interpretar os silêncios, justificar as indecisões e tentar traduzir os afastamentos como se fossem mistérios a serem resolvidos. A indiferença masculina só se sustenta porque insistimos em dar um significado a ela. Se ele não responde, a resposta já está dada.

Em seguida, é preciso abandonar a ideia de que o compromisso é um troféu concedido àquelas que se provam "boas o suficiente". Isso distorce a realidade: estar junto não é um prêmio, é um acordo mútuo. Qualquer dinâmica que exija esforço unilateral não é uma relação, é uma concessão.

Ficantes

Eu sei como ele gosta do café, mas não temos nada sério.

Eu deixo minha escova de dente no banheiro dele, mas não temos nada sério.
Eu cuido do cachorro dele quando ele viaja, mas não temos nada sério.
Eu ajudei a escolher o presente da mãe dele, mas não temos nada sério.
Eu tenho a chave da casa dele, mas não temos nada sério.
Eu sei o que dizer quando ele tem crises de ansiedade, mas não temos nada sério.
Eu o acompanhei no jantar de família no Natal, mas não temos nada sério.

Ficante sério existe?

Somos, um tanto, aquelas que vieram antes de nós. Cresci sabendo que minha tia — como muitas das mulheres da minha família, à frente de seu tempo — carregava uma reputação injusta na cidade do interior de São Paulo onde as jovens Ceribellis da geração anterior à minha cresceram. Em uma risada debochada de quem sabe o que é bom nessa vida, ela sempre me disse: "Eu só fazia o que vocês fazem hoje, eu 'ficava' com os garotos, mas não tinha nome pra isso". Era a forma dela de dizer que a liberdade com que nos relacionamos hoje não é exatamente nova, apenas passou a ser nomeada e, uma vez categorizada, se abriu como uma possibilidade sem julgamentos.

Essa liberdade, agora nomeada, ganhou o direito de existir sem precisar se esconder. Mas nomear não significa necessariamente libertar. Há poder em quem define as palavras — e, consequentemente, em quem decide quais relações são legítimas e quais devem permanecer no limbo. A escritora e ensaísta argentina Tamara Tenenbaum reflete em seu livro *El fin del amor: Amar y follar en el siglo XXI* [O fim do amor: amar e transar no século XXI] que todos nós chegamos como estrangeiros ao mundo do desejo, aprendendo aos poucos sua linguagem. Só que essa linguagem sempre foi definida por um grupo muito específico: os homens, os brancos, aqueles com mais acesso e tempo para decidir o que é amor e o que é apenas uma ilusão passageira.

A promessa de experimentar novas formas de amor é sedutora, mas nos joga em um mar de dúvidas. Criamos rótulos e teorias esperando encontrar um mapa, mas será que eles nos aproximam de algo mais verdadeiro ou só aumentam a confusão? No fim, sempre chega o momento em que as palavras falham — e talvez seja ali que, de fato, o amor comece. Mas essa falha acontece para quem? Esse estado de indefinição que chamamos de liberdade não é neutro. Para alguns, é um alívio, uma fuga das amarras tradicionais. Para outros, é apenas a confirmação de que, mais uma vez, o compromisso não está ao seu alcance.

Eu estava na praia com alguns amigos da minha mãe, solteiros na faixa dos 50 e 60 anos, quando ela me pediu para explicar os termos *situationship* e *ficante sério*, que eu havia mencionado na noite anterior e que, segundo ela, ajudariam a explicar alguns dos relacionamentos complicados que ela e os amigos ali estavam vivendo. Expliquei que *situationship*, derivado do inglês *relationship* (relacionamento), substitui "relação" por "situação" e descreve aquele espaço nebuloso entre um compromisso sério e algo casual.

Ficar sério não é namorar, mas também não é só ficar. É uma conexão sem rótulo definido, na qual duas pessoas estão juntas sem o compromisso formal. As regras são vagas, as expectativas, indefinidas, e a linha entre liberdade e frustração é perigosamente tênue.

Você pode ler essa explicação e revirar os olhos, exausta de mais um termo que parece criado só para evitar o comprometimento real — e foi assim mesmo que a criadora de conteúdo digital Gabie Fernandes reagiu quando abri o episódio[4] perguntando: "Ficante sério existe?" Com o cansaço de quem já viu esse filme antes, ela respondeu que *ficante sério* era sua lenda urbana favorita, porque, afinal, "ou é ficante ou é sério". O que *ficante sério* e *situationship* têm em comum é que, sem um alinhamento muito claro, ambos viram terreno fértil para comportamentos ambíguos, expectativas frustradas e limites que evaporam no ar.

Ficante sério ou *situationship* não são apenas termos, mas evidências de como estamos perdidos. O que eles têm em comum é que, sem uma definição, ambos abrem espaço para comportamentos cada vez mais subjetivos. Não deixa de ser irônico que, enquanto fugimos dos rótulos, acabamos criando um novo conjunto de normas e expectativas. E, claro, como tudo na vida, a piada acaba virando palhaçada se você a estica por muito tempo.

Sou automaticamente transportada para um jantar que tive com amigos de um ex-namorado. Talvez não pareça, mas esses ambientes sempre me fascinaram. Entre um pedaço de pizza e outro, cercada por homens, eu me sentia quase como uma espiã, absorvendo cada nuance e dinâmica. Desde criança, em uma família em que eu e minha prima éramos as únicas mulheres entre tantos primos, aprendi a observar. Sempre me interessou o que os homens dizem quando estão entre "os deles", a maneira como se sentem à vontade para expressar seus absurdos. O jantar não era apenas uma socialização leve — era uma oportunidade de me colocar de novo naquela posição de observadora, e eu estava atenta.

Durante a conversa, um dos amigos compartilhou uma história que me trouxe de volta a sensação de estar ouvindo algo revelador. Ele contou que, depois de algumas semanas saindo com uma mulher, a levou para almoçar com sua mãe em um domingo — sem que ela soubesse que seria a última vez que o veria. O que torna a história um tanto duvidosa, mas, ao mesmo tempo, digna de ser compartilhada, é que ela acreditava que eles estavam *ficando sério*, especialmente após ser apresentada à família dele. É claro que ela ficou (com razão) furiosa com o fim repentino de uma conexão que parecia promissora.

Ele, quase incrédulo, entre um pedaço de pizza e outro, disse que não entendia a reação dela. "Sou canceriano, é normal apresentar a família", explicou. Se não havia nada sério, ele não via necessidade de formalizar um fim e genuinamente esperava que ela entendesse com naturalidade seu afastamento.

Só que a omissão também é uma escolha — e deixar o outro interpretar sozinho o que está acontecendo é, no mínimo, conveniente. Quando alguém aceita todo o conforto e a estabilidade emocional de um relacionamento, mas recua na hora de reconhecer o que isso significa, não é falta de entendimento. É um jogo em que uma pessoa aproveita os benefícios enquanto a outra carrega os custos emocionais.

Sabrina Strings desmonta a ideia de que *ficante sério* e *situationship* são apenas formas mais livres e modernas de se relacionar. Para ela, esses formatos podem até parecer novos, mas muitas vezes só repetem as mesmas desigualdades de sempre — principalmente para mulheres negras e outras mulheres marginalizadas, que acabam presas em relações nas quais o compromisso é sempre opcional (para o outro lado, claro). Strings aponta que, para muitas dessas mulheres, a instabilidade relacional não é uma escolha, é só o que sobrou.

Na verdade, o termo *ficante sério* não passa de um *déjà vu* disfarçado de novidade: é sempre a mesma dinâmica com mulheres que são ótimas companhias, boas ouvintes, sempre prontas para segurar a barra emocional, mas que, quando chega a hora de assumir algo de verdade, nunca parecem ser "a pessoa certa". No livro, Strings faz uma conexão entre o sumiço dos relacionamentos formais e a forma como o amor sempre foi definido a partir de raça e status. Durante muito tempo, foi a branquitude e o dinheiro que decidiram quem era vista como uma parceira "ideal" — e, nessa lógica, mulheres negras e de baixa renda sempre ficaram em desvantagem.

O resultado? Um padrão que se repete até hoje: elas oferecem suporte emocional, dão estabilidade, mas raramente recebem o mesmo de volta. Não é coincidência, nem falta de sorte. É a continuação de uma história que sempre colocou o desejo dessas mulheres em segundo plano.

Essa dinâmica se liga diretamente ao que a socióloga Claudete Alves chama de *solidão da mulher negra* — a forma como o racismo e o machismo se combinam para dificultar que mulheres negras sejam vistas como parceiras legítimas. Não porque falte desejo por elas, mas porque o compromisso parece sempre ser uma questão maleável quando é com elas. Elas são as que acolhem, seguram a barra, apoiam, mas raramente são escolhidas para serem cuidadas. Nos *ficantes sérios*, essa solidão aparece de outro jeito: a relação existe, mas nunca se assume por completo. O vínculo está ali, mas sem garantias. O compromisso é sempre um talvez. E a responsabilidade emocional? Ausente.

Para algumas pessoas, esse estado de indefinição é só mais um capítulo do amor contemporâneo. Para outras, é a continuação de um padrão em que o compromisso é sempre condicionado a uma hierarquia invisível, em que alguns são constantemente escolhidos e outros continuam sendo apenas uma possibilidade que nunca se concretiza.

Não se trata de demonizar relações informais ou defender um retorno forçado à monogamia tradicional. Mas, se o discurso da liberdade continua funcionando mais para um lado do que para o outro, talvez a única coisa que tenha mudado seja o nome. O desafio não é só criar novos formatos, mas garantir que esses formatos sejam, de fato, equilibrados. Porque, quando falamos de liberdade no amor, a pergunta que precisamos fazer é: *quem está realmente livre aqui?*

E, claro, nada disso quer dizer que todo *ficante sério* seja uma furada. Eu mesma sou entusiasta da liberdade de não ter que definir nada. Mas se um relacionamento supostamente leve começa a exigir um nível de paciência e trabalho emocional que nem um casamento de trinta anos demanda, talvez a única coisa séria nessa história seja a desigualdade.

Porque o tempo passa e a falta de definição começa a pesar. Dá para viver no não lugar por um tempo, mas tem uma hora em que a conta chega. E, quando chega, não tem como desver: chamar alguém de *ficante sério* por um ano pode ser só uma forma educada de evitar admitir que um dos lados sempre esteve mais investido do que o outro.

Voltando à cena da pizzaria, te faço um convite, especialmente se você é uma mulher que se relaciona com homens: como acha que seria a reação de um homem se fosse você quem o apresentasse à sua família antes do relacionamento ter qualquer rótulo oficial? Ou, melhor ainda, pense nas últimas histórias que suas amigas te contaram sobre ficantes sendo "fofos". Agora, inverta os papéis. Como seria vista a mulher que fizesse essas mesmas coisas? Emocionada? Bingo!

Há um privilégio invisível que permeia os relacionamentos: os homens podem transitar entre a paixão e a indiferença sem carregar o peso da consequência. Se um homem manda mensagens carinhosas, escolhe uma música, se deixa levar, dizem que ele é espontâneo. Se é a mulher quem faz isso, dizem que ela "se precipitou". A mesma ação que faz um homem ser "fofo" nos faz "emocionadas". Há uma margem de erro para eles, um espaço de ensaio que não nos é concedido. Podem puxar sua mão no meio de um bar, falar de saudade, insistir para te ver no dia seguinte, fazer planos vagos para o futuro como quem joga conversa fora, sem que isso signifique nada.

Nesse cenário, nós, as piranhas românticas, somos a espécie mais incompreendida das dinâmicas amorosas contemporâneas: mulheres que, como eu, querem se jogar intensamente no momento, sem nenhuma pretensão de que aquilo vá se tornar algo sério.

A verdade é que não sei beijar de forma blasé. Acho cafona. Mas não foram poucas as vezes em que fui tratada como intensa quando estava apenas confortável, ou como carente quando só queria ficar mais um pouco. O que incomoda não é que estejamos apaixonadas, mas que estejamos à vontade. Porque uma mulher que se sente à vontade demais no próprio desejo desestabiliza os homens. Eles não estão acostumados com isso. Aprenderam que são eles que conduzem o ritmo, que determinam o *quão sério* algo deve ou não ser.

Uma mulher que não joga o jogo da contenção coloca tudo em perspectiva: será que essa relação realmente é leve ou só uma via de mão única, em que um lado se permite querer e o outro tem que tomar cuidado para não querer demais?

Se você não demonstra vulnerabilidade, você não se machuca. Pelo menos, essa é a lógica que aprendemos a seguir. Manter tudo leve, sem expectativas, sem cobranças, como se a simples existência de um desejo já fosse uma ameaça. Como se admitir que quer algo mais fosse, automaticamente, transformar o outro em alguém que quer menos. O jogo das relações modernas nos ensinou a disfarçar qualquer sinal de envolvimento, como se sentir fosse fraqueza e precisar, um defeito.

Mas a verdade é que essa matemática raramente fecha. Fingir que não se importa não impede que você se importe. E evitar demonstrar afeto não faz com que o outro, magicamente, passe a oferecê-lo. O que acontece, na maioria das vezes, é que o medo de se machucar vira uma autossabotagem tão grande que a gente se coloca sozinha no lugar da pessoa que machuca. E aí, quando a relação termina ou esfria sem explicação, nos convencemos de que fizemos tudo certo porque "não esperávamos nada". Só que esperávamos, sim. Só que doeu, sim.

A performance da frieza nos isola, nos mantém emocionalmente distantes até mesmo daquilo que queremos. Evitamos a vulnerabilidade como se fosse um risco biológico, temendo que qualquer demonstração de afeto possa ser usada contra nós. Preferimos ser ambíguos a sermos vistos como frágeis. E então, quando o outro desiste, dizemos que nunca nos importamos tanto assim.

O problema dessa obsessão por parecer invulnerável é que ela não cria relações mais seguras. Apenas nos afasta do que realmente importa. Na verdade, o medo de parecer vulnerável nos impede de viver algo verdadeiro. Como o psicólogo Alexandre Coimbra Amaral disse em nossa entrevista, "a independência é um mito criado pela cultura norte-americana, sobretudo dos anos 1950 para cá, que zoou muito a gente". Fomos ensinadas a acreditar que depender de alguém é sinal de fraqueza, mas essa mentalidade só aumenta a ansiedade nas relações.

No consultório de Alexandre, esse dilema se expõe com uma clareza quase cruel. O psicólogo compartilhou que muitas pacientes chegam atormentadas por um impasse: desejam contato, mas temem ser mal interpretadas. A necessidade de proximidade se tornou uma questão delicada, quase vergonhosa, como se admitir o desejo de conexão fosse uma confissão de fraqueza. A angústia não está apenas na espera, mas na dificuldade de expressar esse anseio sem correr o risco de ser vista como carente, dependente ou excessiva. Queremos intimidade, mas aprendemos que pedir por ela pode nos tornar vulneráveis de um jeito que o mundo não perdoa.

Se queremos relações mais igualitárias, precisamos ir além da nossa própria desconstrução. Não basta que nós, mulheres, aprendamos a expressar nossos desejos sem medo de parecer excessivas. Também é necessário que os homens desfaçam o condicionamento de que vulnerabilidade é um risco e de que mulheres estão sempre a um like de distância de parecerem desesperadas. A responsabilidade emocional não pode ser unilateral.

A questão nunca foi a demonstração de afeto em si, mas o que ela representa dentro de uma estrutura que ainda coloca o homem no controle do ritmo e a mulher no papel de quem precisa parecer satisfeita com menos. A liberdade não pode ser uma via de mão única. Um relacionamento no qual um lado tem margem para se emocionar e o outro precisa medir cada gesto para não ser julgado não pode ser chamado de equilibrado. E essa ideia de leveza só é justa se valer para os dois.

Quando a única forma de permanecer em uma relação é fingindo indiferença, não estamos falando de algo espontâneo, mas de um jogo de poder disfarçado de modernidade.

O amor contemporâneo não falha por excesso de emoção, mas por falta de coragem. Falta coragem para demonstrar, para dizer "eu gosto de você" sem precisar modular o tom para não parecer intensa. Falta coragem para admitir que sentimos falta, que queremos proximidade, que buscamos a segurança de saber que amanhã ainda estaremos aqui. O problema nunca foi ser emocionada. O problema sempre foi lidar com pessoas que encaram a intimidade como uma ameaça porque nunca foram ensinadas a sustentá-la.

A espera termina quando recusamos a premissa de que é nosso dever sermos pacientes, compreensivas e infinitamente resilientes diante da negligência alheia. Esse sistema não quer ser satisfeito — ele quer que continuemos exaustas, sempre tentando, sempre nos ajustando, sempre esperando que um dia sejamos reconhecidas como merecedoras. Mas a verdade é que ninguém nos dará esse reconhecimento de bandeja. O fim da espera não tem a ver com sermos escolhidas, mas com escolhermos a nós mesmas antes que nos façam acreditar que o amor é um prêmio a ser conquistado. Não precisamos aguardar por reciprocidade, por validação, por permissão. A única coisa que nos cabe é viver o desejo sem pedir desculpas, sem negociar nossa dignidade, sem reduzir nossa presença para caber no conforto de quem nunca esteve disposto a nos encontrar no mesmo lugar.

A terrível fossa dos "quase algo"

No ônibus que eu pegava todos os dias para cruzar a ponte Rio-Niterói rumo ao meu primeiro emprego, Death Cab for Cutie era a trilha sonora constante. Dependendo do humor do trânsito, eu podia ouvir mais de uma vez a minha música favorita daquela época, "Title and Registration". Com sua voz melancólica, Benjamin Gibbard começa reclamando de algo tão banal quanto a palavra "porta-luvas". Ele aponta o óbvio — que o nome não faz sentido — e sugere uma mudança, como quem tenta reorganizar o que está fora do lugar. Porque, afinal, até a irritação com um detalhe assim, o nome de um compartimento do carro, quase sempre diz mais sobre nós do que sobre o objeto em si.

Sua revolta tinha motivo. Ao abrir o porta-luvas em busca de documentos, encontrou fotos de uma ex-namorada que havia se mudado para outra cidade. Sinto te dizer, Ben, mas hoje nem precisamos mais revirar porta-luvas ou caixas esquecidas no fundo do armário para topar com essas memórias. Nossos aplicativos fazem isso por nós — sem aviso, sem contexto, sem piedade. Uma notificação: "Há um ano", que poderia também se chamar "Lembra aquilo que você se esforçou tanto para superar? Pois é, bora lembrar!" Como se o passado não soubesse o seu lugar.

Eu nem fui atrás, foi o "Memórias" do iPhone que me arrastou de volta para aquela noite. Na mesma hora, me lembrei de Orson Welles: "Se você quer um final feliz, isso depende, é claro, de onde você para a sua história".

Se os créditos tivessem subido ali, naquela pista de dança, entre planos e promessas sobre os mundos que queríamos apresentar um ao outro, quanto tudo ainda parecia um belo começo, teria sido um *felizes para sempre* mais bonito. Mas não. A história se dissolveu num *ghosting* homeopático — aquele em que não há sumiço brusco, só mensagens espaçadas, perguntas que nunca chegam, e, quando nos damos conta, o que poderia ter sido se torna um "quase algo".

Antes do silêncio absoluto, veio a exaltação. Antes da ausência, o excesso. Quando ele me perguntou se estava sendo canceriano em dizer que parecia que já me conhecia havia anos, eu deveria ter respondido que não era astrologia, era *love bombing*.

Love bombing e *ghosting* são expressões complementares de uma mesma dinâmica: relações que começam intensas e terminam no vazio, porque nunca tiveram uma base real.

Eu deveria ter suspeitado. Havia uma urgência suspeita na forma como ele se aproximou de mim. Tudo parecia acelerado demais, intenso demais, como se estivéssemos correndo contra um tempo que ninguém tinha estipulado. Mensagens sem pausa, declarações precoces, planos grandiosos. Claro que na época eu estava amando tudo aquilo. Quem não gosta da sensação de ser escolhida sem hesitação? Mas, olhando para trás agora, vejo que não era exatamente uma escolha — era um espetáculo. E espetáculos não duram.

Então, como se a intensidade tivesse atingido o limite máximo, ele se tornou mais silencioso. Continuava presente, mas, se antes me respondia em questão de minutos, passou a levar dias. Se antes planejávamos sempre o próximo encontro, nunca mais foi citada a possibilidade de nos encontrarmos. Entre "putz, não vi sua mensagem" e "bom dia, como vc tá?", ele me menosprezava o suficiente para que eu entendesse o desinteresse, mas mantinha aparições ocasionais para que eu acreditasse que o interesse poderia voltar a qualquer momento.

Tatiana Paranaguá, psicóloga e escritora, chama de *vínculo fantasma* a natureza dessas relações que se mantêm não por presença, mas por lembrança e expectativa. É como um jogo de luz e sombra — uma presença mínima, intermitente, calculada para manter viva a ilusão de possibilidade. Em sua participação no *Bom Dia, Obvious*, ela descreveu essa dinâmica como uma espécie de limbo emocional: a conexão nunca é assumida, mas também nunca é encerrada; uma saída conveniente para quem não quer lidar com o desconforto do rompimento, mas quer garantir que a porta continue entreaberta.[5]

O vínculo fantasma é a ponte entre um provável *love bombing* e os quase relacionamentos — o momento em que o fim se torna real. Foi nessa etapa que, buscando sentido para o que eu estava vivendo, recorri, mais uma vez, à escrita. A vontade era de abraçar essa Marcela do passado, perdida em seu próprio sofrimento, e dizer: "Olha ela tentando entender o inexplicável". Segundo meu bloco de notas, rabiscado no auge da fossa por meu "quase algo": "Não é saudade de quem ele era, mas do que eu achei que ele poderia ser". Então eu completo: "E essa diferença, por menor que pareça, muda tudo".

Schopenhauer, o filósofo da vontade e do pessimismo, argumenta que o sofrimento psíquico surge da oscilação entre a memória e a antecipação — entre o que já aconteceu e o que ainda está por vir. Isso significa que raramente sofremos pelo presente em si, mas pelo que já foi e não volta mais, ou pelo que esperamos que aconteça, mas ainda não aconteceu (ou pode nunca acontecer). O que machuca não é apenas a perda, mas a ideia daquilo que poderia ter sido. Não é apenas o fim de um relacionamento que dói, mas a lacuna entre a expectativa e a realidade, o espaço entre a projeção e o que de fato aconteceu.

São amores construídos não a partir da experiência, mas da imaginação e, talvez, um pouco de esperança irracional — amores que nunca chegaram a existir por completo, mas, ainda assim, se infiltram em cada detalhe do cotidiano. Estão no nome de um filme que ele me recomendou, no restaurante onde jantamos uma única vez, no sabor do chiclete que nunca mais tive coragem de comprar.

A idealização é um labirinto sem saída, onde o que nos prende não é o outro, mas a versão aprimorada que criamos dele. O "quase" se torna maior do que qualquer realidade porque nunca precisou ser testado pela vida, nunca teve que sobreviver ao cotidiano, ao cansaço, à complexidade do afeto real. A expectativa do que poderia ter sido constrói uma imagem idealizada da outra pessoa, uma projeção que distorce a realidade e nos impede de seguir em frente.

O "quase" precede algo, mas como não houve um término oficial, falta a permissão para sentir o luto por aquilo que nunca existiu formalmente. No entanto, a dor é real, pois a expectativa era real. É por isso que essas minifossas podem, paradoxalmente, doer tanto quanto — ou até mais — que o fim de um relacionamento longo. Porque quando um relacionamento real acaba, pelo menos temos algo concreto em que nos apoiar: as discussões, as decepções, os dias ruins. No "quase algo", no entanto, tudo o que temos são suposições, fantasias e expectativas.

Nós nos apaixonamos pelo que poderia ter sido. A promessa de um sentimento sem rachaduras, um desejo sem resistência. A tecnologia potencializou essa ilusão ao extremo: tudo virou imagem, uma vitrine meticulosamente montada, um reflexo que parece superior a qualquer experiência real. Mas e quando esse reflexo encontra a realidade? O que acontece quando, em vez de deslizar para a próxima notificação, somos convidados a sustentar um vínculo?

André Alves chama esse fenômeno de "tirania da conveniência". "Se é longe, não vou. Se vai demorar, melhor não. Tudo precisa ser simples, conveniente", afirma ele. A lógica da otimização tomou conta das relações, transformando o menor sinal de resistência em um motivo para desistir. A fluidez virou um valor absoluto. E, nesse movimento, desaprendemos a sustentar qualquer coisa que exija paciência, qualquer vínculo que demande negociação, qualquer desejo que não seja instantâneo.

O problema é que uma relação sem esforço não é uma relação — é uma troca descartável. "Você quer uma relação sem conflito? Então você não quer uma relação", diz André. Porque o conflito, mais do que inevitável, é constitutivo. É o que transforma um vínculo em algo real. Mas, na era da conveniência, qualquer fricção parece um alerta para partir, qualquer ruído vira um sinal de incompatibilidade, qualquer demora se traduz como falta de interesse. E, assim, nos afastamos antes mesmo de entender o que poderíamos construir.

O *ghosting* não acontece só porque alguém perdeu o interesse. Ele ocorre porque perdemos a capacidade de comunicar frustrações, limites, hesitações. Porque é mais fácil se calar do que lidar com a resposta do outro. Porque o silêncio parece uma saída limpa, sem dor, sem responsabilidade.

"Estamos numa cultura que evita qualquer tipo de fricção, mas é a fricção que funda nossas experiências mais significativas." Relações não se formam no deslizar do dedo, no encaixe perfeito de expectativas ou na ausência de descompasso. Elas se constroem nos espaços de negociação, nos momentos de desconforto, na construção gradual de algo que não está pronto no primeiro instante. Mas desaprendemos a sustentar o incômodo. Se o outro hesita, interpretamos como rejeição. Se o desejo oscila, achamos que acabou. Se há ruído, cortamos o som.

Nós nos tornamos hábeis na arte de fugir. Saímos sem nos despedir. Bloqueamos antes que a outra pessoa possa nos pedir explicações. O *ghosting* é só um nome moderno para uma velha prática: a recusa em olhar o outro nos olhos e assumir que algo acabou.

É um reflexo de uma incapacidade profunda de lidar com o desconforto da intimidade. Conversas tensas fazem parte de qualquer relação, seja ela breve ou longa. A verdadeira intimidade implica sentar-se e falar sobre as dissonâncias, as divergências que surgem quando duas pessoas se encontram.

O impacto psicológico dessa dinâmica não está apenas na perda, mas na confusão que se instaura: se alguém que parecia tão envolvido desapareceu sem aviso, será que foi tudo imaginação minha? Será que estraguei tudo? O silêncio deixa espaço para interpretações infinitas, e nenhuma delas é gentil. Como Alexandre Coimbra Amaral aponta, "o *ghosting* é uma manifestação de desresponsabilização amorosa. É uma falha ética". A forma como terminamos (ou não terminamos) nossos vínculos diz muito sobre a cultura emocional do nosso tempo, que nos vendeu a ideia de que basta deslizar o dedo para deletar um problema.

A ausência não tem som, mas tem peso. É um peso específico, concentrado na espera de uma notificação que não chega, na hesitação antes de abrir uma conversa já encerrada. Há um tipo de tortura silenciosa em saber que a outra pessoa existe, que continua sua vida sem qualquer interrupção, enquanto você pausa a sua, em dúvida sobre onde foi que se perdeu. O *ghosting* é menos um fim e mais um limbo — e talvez seja essa a sua crueldade essencial. Porque um término, pelo menos, tem palavras.

O problema do desaparecimento digital é que ele não oferece um fechamento claro, apenas uma ausência que se torna interpretativa. O *ghosting* se apoia nesse espaço de dúvida porque a falta de explicação é, ironicamente, sua explicação mais eficiente. Não houve nada grande o bastante para justificar um término. Só houve a inércia de alguém que preferiu não responder mais.

E pior: o *ghosting* também é um sintoma. Um reflexo nítido da nossa incapacidade de sustentar qualquer conversa que traga atrito. Fugimos das conversas difíceis porque elas nos lembram que não temos controle sobre como o outro vai reagir. Tememos lágrimas, acusações, mal-entendidos. E, assim, terceirizamos o peso do fim para quem fica — para quem, na ausência de palavras, só pode preencher o vazio com especulações. É nesse intervalo entre a idealização e o silêncio que a responsabilidade afetiva se torna essencial. O problema não é apenas a falta de compromisso, mas a ausência total de consideração.

Responsabilidade afetiva não significa corresponder a sentimentos que não são mais nossos, mas garantir que o outro tenha as ferramentas para seguir em frente. *Love bombing* e *ghosting* são, na verdade, duas faces da mesma moeda: primeiro alguém se lança em uma paixão avassaladora, cria expectativas irreais e promete um futuro; depois desaparece sem explicação, deixando para trás uma lacuna impossível de preencher. Quem some evita lidar com o impacto da própria ausência, transfere essa carga emocional para o outro e, no processo, torna o fim muito mais doloroso do que deveria ser.

O *ghosting*, na verdade, não tem nada a ver com desaparecimento. Ele é um recuo covarde, um desvio calculado da responsabilidade afetiva. E sinaliza algo cruel: ele mostra que o outro não vale nem mesmo uma despedida. No entanto, o problema maior é que essa covardia não é apenas individual, ela se tornou estrutural. Uma cultura inteira moldada pela ideia de que qualquer coisa que exija esforço emocional não vale a pena.

Na mesma época desse meu quase relacionamento, uma amiga vivia algo parecido. Elas estavam juntas fazia meses, exclusivas, dividindo fins de semana, fazendo planos, se apresentando para amigos. Não havia dúvidas, nem entrelinhas ambíguas. Tudo indicava que estavam caminhando para um relacionamento, até que, de repente, não estavam mais. O fim não veio com uma conversa, mas com uma agenda mais cheia do que o normal, mensagens que pararam de chegar e, então, um post. Poucas semanas depois, a garota que parecia estar na mesma página apareceu namorando outra mulher, oficializando algo que, ao que tudo indicava, nunca precisou de rótulos ou hesitação.

Esse sofrimento, no entanto, não surge no vácuo. Ele é moldado por estruturas culturais que nos ensinam o que significa ser desejável, bem--sucedida, alguém que "vale a pena". Nossos desejos, por mais íntimos que pareçam, não são neutros — eles são atravessados por narrativas coletivas sobre o que um relacionamento deveria ser, como deveria começar e terminar, quem merece ser amado e quem merece sofrer por amor. No fim, não sofremos só pelo que perdemos, sofremos pelo que acreditamos que essa perda diz sobre nós.

É exatamente nesse ponto que entra o que Valeska Zanello chama de "botão de vulnerabilidade", aquele ponto sensível que muitas mulheres carregam: a necessidade de serem escolhidas para se sentirem validadas. Não se trata apenas de querer amor, mas de acreditar, muitas vezes sem perceber, que ser amada por um homem define o próprio valor. Isso explica por que tantas mulheres, mesmo inteligentes, bem-sucedidas e independentes, às vezes aceitam relações que claramente as diminuem.

Esse botão é acionado em momentos sutis: o cara some depois de um date incrível, e a primeira reação é se perguntar o que você fez de errado. Ou quando ele demonstra desinteresse, e você, em vez de recuar, se esforça ainda mais para ser "escolhida". É como se houvesse uma falha no sistema operacional emocional programada para interpretar rejeição como prova de inadequação.

A psicanalista e escritora Ana Suy observa que tendemos a levar as rejeições para o lado pessoal, como se cada porta fechada fosse um julgamento definitivo sobre nosso valor. Isso se intensifica nos relacionamentos íntimos, porque a dor toca diretamente naquilo que projetamos para o futuro. É um choque entre o que esperávamos e o que efetivamente temos. Eu me via presa nesse abismo: a cada interação rarefeita, mergulhava mais fundo numa espiral mental, tentando decifrar cada detalhe das minhas atitudes, como uma detetive obcecada por encontrar a cena exata do crime, o momento preciso em que o desejo foi assassinado.

O silêncio absoluto não rouba apenas um relacionamento; ele nos rouba também a nossa versão daquela história. O silêncio nos deixa sozinhas com um enigma que nunca será resolvido, presas em um ciclo de revisitação mental em que somos forçadas a preencher as lacunas com nossos próprios medos e inseguranças.

Não sei quantas vezes voltei para aquela última noite e repassei cada detalhe. Como uma cena de filme pausada e reexibida de maneira obsessiva, minha mente visitou esse lugar inúmeras vezes, tentando encontrar a falha, a palavra errada, o momento exato em que ele decidiu que eu não merecia uma resposta. Foi algo que eu disse? Foi algo que eu não disse? Fui longe demais? Me mostrei de menos? É isso que alimenta a espiral: não saber o que é real, o que foi de fato compartilhado, e o que era apenas uma projeção da nossa vontade de ver algo mais ali.

Como Alexandre observa, "o *ghosting* perpetua uma dinâmica de poder desigual, onde o silêncio do outro nos reduz à tarefa de tentar entender o inexplicável". Quem parte, muitas vezes, acha que está escolhendo o caminho menos doloroso, afinal, não dizer nada é melhor do que magoar alguém, certo? Mas a verdade é que o silêncio não ameniza a dor, apenas a transfere para quem fica.

O filósofo francês Paul Ricoeur sugere que o sofrimento, além de ser uma experiência dolorosa, é também um apelo por sentido. Como traz o irracional para o centro da vida cotidiana, ele nos força a buscar explicações. Quanto mais difícil for entender o sofrimento, mais insuportável ele se torna. É por isso que ficamos obcecadas em entender por que o outro foi embora sem aviso — como se encontrar a resposta certa pudesse, de alguma forma, desfazer a ausência.

Libertar o outro da incerteza não é um ato de generosidade excepcional, mas o mínimo que qualquer relação baseada em respeito deveria oferecer. O *ghosting* não encerra um vínculo, ele o mantém suspenso e indefinido, obrigando a outra pessoa a buscar respostas no vazio. E é aí que reside sua crueldade: em vez de um ponto final, ele deixa reticências que nunca se resolvem. Na verdade, o silêncio não é neutro, nem uma escolha passiva. É uma decisão ativa de deixar o outro sozinho, lidando com perguntas que nunca terão resposta.

Mas a ausência nunca vem sozinha. Ela carrega um eco, um resquício do que parecia ser, uma dúvida persistente sobre se tudo foi real ou apenas um delírio compartilhado. Há uma diferença entre saudade e frustração. A saudade nos lembra de algo bom que tivemos. A frustração, por outro lado, nos atormenta com o que nunca aconteceu. No fim das contas, o que prolongou a dor não foi a falta dele, mas a ausência de um final que fizesse sentido.

Não sou de achar que momentos difíceis sempre trazem aprendizados, mas sei que entendi que a fossa dos "quase algo" não diz respeito apenas ao outro, mas também à nossa própria incapacidade de aceitar que, se fosse real, não haveria dúvidas. Aprendi na marra: reciprocidade nunca deixa pontos de interrogação. A escritora Natália Timerman, em entrevista para o nosso Clube do Livro em 2021, falou sobre como lidamos com a ausência e a falta no amor. Segundo ela, o vazio é insuportável, então tentamos preenchê-lo de qualquer forma, inventamos respostas, criamos narrativas. Mas o que realmente machuca não é o que aconteceu, e sim o que nunca chegou a acontecer. O amor que só existiu na imaginação não desaparece, porque nunca teve um fim concreto. Como se enterra algo que nunca chegou a existir?

Os "quase algo" são perigosos porque habitam nossa mente por longos períodos, ilesos ao tempo e à realidade. Permanecem vivos não pelo que foram, mas pelo que poderiam ter sido. Têm a vantagem de ser um conceito puro, intacto, e por isso sempre parecerão melhores do que qualquer relação real, com suas imperfeições inevitáveis.

Uma amiga me confessou que, em momentos em que seu relacionamento — feliz, estável — entra em uma fase monótona, ela se pergunta se não seria mais feliz com o "quase algo" que nunca se concretizou. E esta é a comparação mais injusta de todas: de um lado, um amor que sobreviveu ao cotidiano, ao cansaço, às pequenas frustrações; do outro, um romance que nunca precisou enfrentar nada disso. Um amor que existiu apenas no terreno seguro da expectativa, intocado pela realidade, e por isso parece sempre mais bonito do que qualquer coisa concreta.

A libertação acontece quando entendemos que o que nos atormenta não é a perda de um grande amor, mas a ausência de um fim. Porque o "quase algo" não se despede, não se encerra, não dá permissão para o luto. Ele fica ali, flutuando em um espaço onde nunca se dissolve completamente, mas também nunca se concretiza. E é por isso que ele se arrasta. Mas, se o fechamento não veio do outro, só pode vir de nós. E talvez ele não aconteça na forma de uma grande catarse, mas em pequenas decisões: arquivar conversas, deixar de checar stories, interromper as narrativas mentais em que voltamos sempre ao mesmo lugar. Perceber que, no fundo, não estamos presas ao outro, mas à ilusão de que havia algo ali para ser resgatado.

Não havia. Nunca houve. O "quase algo" é feito da matéria mais volátil que existe, a projeção. Um fantasma que nunca teve corpo, mas que, por algum motivo, nos recusamos a enterrar. E então um dia paramos de voltar às mensagens antigas. Paramos de ensaiar diálogos na cabeça. Paramos de esperar que alguma resposta, algum detalhe esquecido, vá tornar tudo claro. E, nesse instante, o "quase algo" perde a única coisa que o mantinha vivo: a nossa atenção. Não de repente, não com a clareza de uma explicação, mas, como em um sonho do qual acordamos sem lembrar direito a história. E foi assim que eu nunca mais voltei para aquela pista de dança.

Parte #3

Sintomas de Ansiedade

Desejo realizado é desejo morto

Foi uma experiência tão comum entre mulheres heterossexuais que, em breve, será considerada um rito de passagem — uma espécie de baile de debutante do amor contemporâneo. Uma história tão repetida que já deveria ter perdido a força com o tempo, mas que persiste, porque o desejo insiste no improvável. Eu jurei que tinha aprendido. Não só para os meus amigos, mas para mim mesma. Depois de sobreviver à fossa do "quase algo", ao amor que nunca existiu além da minha própria projeção, ao *ghosting* homeopático e ao vínculo fantasma, minha armadura estava pronta.

Agora era a minha vez de ocupar a cadeira da emocionalmente indisponível. Finalmente, eu ia agir como os homens haviam agido comigo até ali — tirando muito, dando pouco. Já tinha até ensaiado respostas mornas para mensagens futuras, o desdém meticulosamente calculado, a segurança de quem sabe que a atenção do outro é só um afago na própria vaidade.

Até nos reencontrarmos naquele bar.

Demorei mais tempo do que gostaria para reconhecê-lo. Ele não era exatamente como eu lembrava — não só porque estava diferente da sua versão boy gato dos anos 2000, mas porque sua calvície, que antes ensaiava uma resistência, agora parecia ter aceitado o destino com serenidade. Quis culpar minha ovulação, porque há coisas que só acontecem quando estamos férteis. Mas não era biologia, era bagagem emocional. Alguma coisa em mim, um resquício daquela versão nada gata dos anos 2000, resolveu esticar a noite na casa dele.

Se você foi uma menina invisível para os garotos e/ou garotas na adolescência, sabe o que quero dizer. Quando esse desejo atrasado chega na vida adulta, oscilamos entre a vingança e a curiosidade. Eu sou uma grande curiosa.

Trago o filósofo francês René Girard pra me defender, caso você já esteja me julgando. Segundo Girard, o desejo é mimético: aprendemos a querer observando o que o outro quer. Não desejamos sozinhos, mas somos guiados pela disputa e pelo inacessível. Quanto mais distante ou cobiçado, mais desejável se torna. Pense no apelo quase irracional de peças de luxo, por exemplo. Uma mera camisa branca, quando ganha uma logo, se torna uma ambição para muitos. É difícil distinguir o desejo pelo item em si da construção do desejo por ele.

Se o desejo é mimético, então o amor à primeira vista raramente tem a ver com o outro — tem a ver com nós mesmas. A ideia de ser escolhida, de ser olhada como ninguém nunca olhou antes, cria uma ilusão poderosa. A pessoa que nos oferece atenção imediata não apenas nos atrai, mas nos revela uma versão inédita de quem podemos ser sob aquele olhar. E, diante dessa promessa de reinvenção, o desejo cresce. Diante dessa promessa de reinvenção, a atração se expande, confundindo-se com a certeza de que algo extraordinário está prestes a acontecer.

O que vendem como amor instantâneo — aquela conexão fulminante, como se duas almas finalmente se reconhecessem — é, na verdade, a coreografia perfeita de um desejo triangulado. A pessoa que oferece atenção e afeto excessivos não é apenas objeto do desejo, mas seu mediador. Ela nos convence, quase sem esforço aparente, de que há algo ali digno de ser conquistado: a versão de nós mesmas que merece tamanho afeto.

A psicanalista Ana Suy me ensinou que, no início, a paixão se sustenta mais na imaginação do que na realidade. Preenchemos as lacunas com o que já está na gente, tanto para o bem quanto para o mal. Se você veio de uma traição tenebrosa, projeta no outro qualquer sinal de deslize como ameaça. Se quer viver uma paixão, olha para o outro com lentes generosas demais. E, ao mesmo tempo, é essa imaginação que nos leva a querer mais e mais, tornando o presente apenas um caminho para o futuro que já imaginamos.[6]

No meu caso, com o calvo, eu estava projetando nele inseguranças que ainda moravam em mim. (Ou moram? Depende do dia.) O que me levou até aquela casa não foi a pessoa que ele é, mas a memória de quem eu fui diante de alguém como ele. Uma tentativa meio ingênua, meio perversa, de roubar do passado uma experiência que nunca aconteceu.

Annie Ernaux explora isso com ainda mais precisão em *O jovem*, ao perceber que, ao lado do namorado mais novo, também se sentia mais jovem. O olhar dele não era neutro; era um espelho generoso, refletindo outra versão dela mesma que parecia ter escapado havia tempos. Como se, por meio dele, ela não só recuperasse o passado, mas a possibilidade de um presente mais leve, sem as marcas que o tempo e as desilusões inevitavelmente deixam.

Ela então divide com a gente sua descoberta: desde que o mundo é mundo, homens mais velhos procuram mulheres mais novas, mas não é só sobre frescor, beleza ou fertilidade, como tentam nos convencer. É sobre se olhar através de quem ainda tem a vida inteira pela frente e, por um instante, acreditar que o tempo parou.

Confesso que torcia para que aquela noite não deixasse mais do que o cheiro de shampoo (com a imagem do jogador de futebol na embalagem) no meu cabelo e um estoque de suco de cranberry na geladeira, mas foi muito além disso. Melhor do que qualquer coisa que eu possa dizer agora, sem as emoções daquele momento, divido com você o que escrevi quando cheguei em casa:

> *No instante em que os corpos se encontram, tudo o que foi dito ou imaginado torna-se temporário. O corpo entrega o que tentamos maquiar digitalmente: ansiedade, insegurança, charme ou a completa ausência dele. Não há algoritmo que disfarce o nervosismo das mãos, filtro que modere a gargalhada genuína, muito menos emoji que consiga traduzir o olhar de quem está prestes a te beijar. O digital implode diante do improviso da realidade.*

A armadilha estava montada.

Sei exatamente onde estava quando a primeira mensagem dele chegou: em pé, vasculhando minha geladeira, tentando unir os restos do fim de semana em algo que pudesse ser chamado de almoço. O celular vibrou e, por um segundo, achei que fosse uma notificação aleatória. Mas era ele.

Realmente parecia que esse tempo todo não sabíamos que éramos almas gêmeas. Tantas coisas em comum, tantas coincidências quase cósmicas. Ou melhor, tantas falsas coincidências e falsas surpresas. Como se eu não soubesse que o tema do aniversário do sobrinho dele foi Homem-Aranha e que seu irmão toca em um bloco de Carnaval. Saímos mais uma, duas, três vezes. Por semanas consegui manter minha barreira emocional, apesar do texto emocionado que escrevi.

E, então, eu caí.

Em um dos meus vídeos favoritos da internet, há um deboche genial parodiando o comportamento clássico dos homens nos dias que antecedem seu desaparecimento. Assistir a esses vídeos foi como jogar *Uno*: todas as cartas já haviam passado pela minha mão. As semanas seguintes ao primeiro encontro foram uma maratona de promessas e planos — ingressos para shows futuros? Tivemos. Planos de viagem no final do ano? Também. Café com a irmã dele, que morava fora e precisava me conhecer? Naturalmente.

Eu me lembro de estar mal-humorada. Ou talvez chateada? Definitivamente ansiosa. Durante as duas semanas em que eu estava viajando a trabalho, o volume do contato foi diminuindo na mesma proporção em que minha paranoia aumentava.

Não era ausência total, nem presença consistente; era o que os especialistas chamam de *breadcrumbs*, termo popularizado pela psicóloga e autora Dra. Jenn Mann para se referir a migalhas de atenção. Migalhas de atenção que são dadas na medida certa para nunca matar a fome e com pausas estratégicas para manter a esperança de que receberemos mais.

Talvez uma das salas de espera mais difíceis de se sair, na dinâmica das migalhas de atenção — ou *breadcrumbing*, como preferir —, seja aquela que abala nossas certezas com a força de um terremoto, fazendo até as mais seguras de nós questionarem o próprio valor. Ou, ainda pior, a própria sanidade. A pessoa demora a responder, e você decide que nunca mais irá responder às mensagens dela. Mas então ela faz algum contato simples, como curtir seus stories, e vem o alívio: "Nossa, como eu estava paranoica à toa".

B.F. Skinner, um dos principais nomes da psicologia comportamental, dedicou sua carreira a entender como o ambiente molda nossas ações. Foi ele quem demonstrou que não somos movidos apenas por escolhas conscientes, mas também por padrões de recompensa e punição que condicionam nosso comportamento. Em um de seus experimentos mais famosos, ele estudou o efeito da incerteza no reforço de hábitos.

Pombos pressionavam um botão para receber alimento. Quando a recompensa era previsível, o comportamento se estabelecia rapidamente, mas também se extinguia assim que a comida parava de chegar. Já quando o reforço era intermitente — às vezes sim, às vezes não —, a obsessão pelo botão se tornava quase inquebrável.

A dinâmica mudava completamente quando a comida era oferecida de forma imprevisível — ora após um toque, ora depois de cinco, dez, quinze tentativas. Diante dessa incerteza, os pombos se tornavam obcecados, pressionando o botão sem parar, como se a próxima tentativa pudesse finalmente trazer a recompensa esperada. Eles não continuavam porque ainda não estavam satisfeitos, mas porque a imprevisibilidade nos mantém na busca. A cada toque, a mesma expectativa: e se for agora?

A ansiedade amorosa de hoje não é muito diferente da de antes. A diferença é que, agora, a incerteza é um feed infinito. Você pode não saber onde está a pessoa de quem gosta, mas sabe que ela está on-line. Pode não saber se ela pensa em você, mas vê que curtiu uma foto de uma mulher de biquíni há dois minutos. O amor sempre teve um pouco de paranoia, mas, agora, a paranoia tem algoritmo.

E vou mais além: quem diz que ama as conexões que a internet possibilitou provavelmente nunca teve a surpresa de, ao baixar seu primeiro aplicativo de paquera, dar de cara com seu ex postando selfies vergonhosas de recém-solteiro — o mesmo que, claro, vinha dizendo que mal conseguia sair da cama de tão arrasado desde que você terminou com ele.

O que antes era um espaço de troca espontânea se transforma em um jogo de presença e desaparecimento. A atenção se mede em vistos azuis, a ausência se traduz em notificações ignoradas. Se, no passado, a incerteza amorosa nascia dos desencontros da vida, hoje ela se alimenta do excesso de controle — ou melhor, da ilusão de controle. Tentamos decifrar silêncios, atribuir intenções a um tempo de resposta, interpretar reticências como enigmas emocionais. Mas, no fundo, tudo se resume a uma pergunta que nunca conseguimos responder com certeza: quando o outro não está on-line, ele está longe ou simplesmente optou por nos deixar no vácuo?

A verdade das interações mora no intervalo entre reação e resposta, e os tempos digitais nos permitem pensar e ponderar, o que, muitas vezes, é ótimo. Mas, no caso das relações afetivas, acabamos ficando com o que é mais controlado: o que foi escrito, apagado ou, pior, tentando decifrar frases que, sem o tom de voz, nos deixam completamente no escuro. O outro deixa de existir pela presença e passa a existir pela ausência.

O espaço entre uma mensagem enviada e uma resposta que nunca chega é um terreno fértil para o autoengano. O silêncio, antes um fim, agora se tornou um convite à interpretação. Esperamos não apenas por uma resposta, mas por um significado. Cada notificação ignorada pode ser um descuido ou uma estratégia, cada visualização sem retorno pode ser desinteresse ou uma tática de sedução. O tempo de espera não tem a ver apenas com o outro, mas também com o que nos tornamos enquanto esperamos.

O jogo se sustenta porque cada pequeno retorno mantém viva a ilusão de continuidade, mesmo quando, na prática, nada se desenrola. O gesto mínimo — um emoji enviado fora de contexto, uma curtida aleatória, uma resposta vaga dias depois — não significa presença, mas evita um fim definitivo. A intenção nunca foi construir algo concreto, mas manter o outro orbitando, sempre perto o suficiente para permanecer interessado, mas nunca o bastante para realmente estar.

Para temperar esse prato indigesto, as histórias que contamos a nós mesmas chegam como um saleiro cuja tampa parecia travada e, de repente, despeja sal em excesso. O que era um detalhe vira epifania, o que era um erro se torna charme, e o que deveria ser um alerta se converte em uma charada irresistível. O filósofo e crítico francês Roland Barthes diz que o amor é uma linguagem e que cada relação se sustenta na narrativa que criamos sobre ela. Mas quando essa narrativa se mistura ao desejo de preencher lacunas, passamos a enxergar o que queremos ver, não o que de fato existe.

O que não está presente ganha contornos de mistério e profundidade, enquanto o que é concreto parece banal. A idealização do ausente sempre será mais sedutora do que a previsibilidade de quem está presente. Na ausência, projetamos todas as possibilidades não vividas, todas as versões ideais que nunca são contrariadas pela realidade. Criamos mitologias privadas sobre quem o outro poderia ser, quando, na verdade, estamos apenas editando a história para que ela nos conte o que queremos ouvir.

A ausência cria um palco onde o desejo pode ensaiar todas as suas projeções, mas a presença exige algo mais desafiador: reciprocidade. Quando o outro está disponível, sem rodeios ou enigmas, o jogo da antecipação perde força. A espera deixa de ser necessária, e, sem ela, muitas vezes confundimos estabilidade com falta de intensidade. Nem todo amor nasce do mistério; alguns simplesmente acontecem, sem a necessidade de serem decifrados.

Talvez seja por isso que, naquele momento, eu mal conseguia responder a outro cara que apareceu na minha vida. Ele chegou com a coragem de quem sempre teve certeza, me demandou menos idealização e me fez sentir à vontade com a vulnerabilidade que entregava. E, assim, eu sabia que, sempre que quisesse encontrá-lo, ele estaria lá.

Esther Perel argumenta que a imaginação é essencial para o desejo porque é nela que projetamos as partes de nós que ainda não acessamos. O mistério, a distância, a impossibilidade — tudo isso mantém o desejo vivo porque nos permite preencher as lacunas com versões idealizadas do outro. O que é fixo, concreto, visível demais perde esse poder. É por isso que, muitas vezes, a paixão dos primeiros encontros é tão intensa: o outro ainda não foi completamente descoberto, e o desconhecido é combustível para o desejo.

Mas quem se entrega como é deixa pouco espaço para a idealização. Sem lacunas a preencher, acabamos comparando a projeção do ausente com a concretude do presente, e a idealização sempre ganha. No amor, o que fantasiamos no outro não é apenas sobre ele, mas sobre nós mesmas. Como já disse, projetamos no outro aquilo que queremos ver em nós, enquanto a realidade nos confronta com o que está fora do nosso controle.

Lucas Bulamah reflete sobre a impossibilidade de escapar dessa dinâmica: para que a paixão se constitua, precisamos nos ver refletidos no outro, enxergando no encontro não apenas uma relação, mas uma promessa de transformação. O desejo não nasce do outro em si, mas do que projetamos nele — da versão potencializada de nós mesmas que acreditamos acessar a partir dessa relação. Mas toda projeção tem um prazo de validade.

Quando o outro não responde à fantasia que criamos, seja por ser previsível demais ou por desafiar as expectativas que colocamos sobre ele, o encanto se quebra. O desapaixonamento não chega como um evento único e devastador, mas como pequenas rachaduras no ideal que tentávamos sustentar.

Não precisei de muito para compreender que o afastamento dele foi a raiz da minha mudança de "vamos com calma" para uma leve obsessão. O psicanalista Jacques Lacan explica isso ao afirmar que o desejo nunca se sustenta no objeto em si, mas na falta. Queremos aquilo que nos escapa, não porque o objeto almejado seja intrinsecamente valioso, mas porque simboliza o que nos falta internamente.

O que mantém a busca não é o encontro, mas a distância. Enquanto algo está fora de alcance, pode ser tudo — projeção, promessa, possibilidade infinita. Mas a posse revela o que sempre esteve ali: a banalidade do real, o desinteresse natural de quem não precisa mais perseguir. O desejo não suporta concretude, porque concretude exige continuidade, e a continuidade mata a urgência.

Helen Fisher, antropóloga especializada na bioquímica do amor, compara o romantismo a um vício: "Maravilhoso quando vai bem e horrível quando vai mal". Aquela intensidade emocional que tanta gente confunde com paixão não surge exatamente do sentimento, mas da oscilação entre incerteza e recompensa. O sumiço seguido de um retorno inesperado aciona os circuitos de prazer do cérebro e libera picos de dopamina — o mesmo neurotransmissor associado à dependência.

Fisher identifica três sistemas cerebrais que regem os vínculos afetivos: a luxúria, impulsionada pela testosterona; o amor romântico, movido pela dopamina; e o apego, sustentado pela ocitocina e pela vasopressina. Quando alguém emocionalmente inacessível entra em cena, a gangorra entre proximidade e distanciamento ativa todos esses mecanismos ao mesmo tempo. O desejo, a ilusão de conexão e a necessidade de segurança se entrelaçam, criando um ciclo compulsivo, no qual a ansiedade provocada pela imprevisibilidade é facilmente confundida com ardor.

Privado de estabilidade, o cérebro entra em estado de alerta e transforma qualquer gesto mínimo em prova de que vale a pena insistir. Uma mensagem fora de hora, um elogio distraído, um "saudade" aleatório — tudo se torna evidência irrefutável. Como explica Fisher: "O amor romântico é um dos sistemas mais poderosos do cérebro. Ele pode levar alguém a fazer coisas incríveis, mas também pode provocar um sofrimento imenso". No fim, a mente não anseia pelo outro, mas pelo alívio da própria inquietude. O ciclo se alimenta da escassez, não do afeto.

Essa perspectiva desmonta um pilar clássico das narrativas românticas: a crença de que o amor precisa ser conquistado com grandes esforços, em atos heroicos que fazem do sofrimento um atestado de intensidade. Fisher argumenta que estabilidade e segurança são os verdadeiros alicerces do afeto, enquanto a instabilidade transforma o vínculo em uma montanha-russa emocional, em que cada migalha vira banquete. "O amor é um instinto primitivo, tão forte quanto a sede e a fome", diz ela, ressaltando como esse impulso nos faz insistir em conexões que mais ferem do que acolhem.

O frio na barriga, a taquicardia, a respiração curta — não são exclusividade de quem está apaixonado. São reações do sistema nervoso simpático, o mesmo que se ativa diante de qualquer ameaça. O corpo se prepara para lutar ou fugir, liberando adrenalina e noradrenalina, hormônios que aceleram os batimentos cardíacos e nos deixam em estado de alerta. Quando o contexto é romântico, interpretamos isso como desejo, mas, biologicamente, poderíamos estar reagindo da mesma forma diante de um susto ou de uma entrevista de emprego.

Não importa se a adrenalina vem de um filme de terror ou de uma mensagem visualizada e não respondida (outro tipo de filme de terror): a reação é a mesma. E, quando já estamos nesse estado de alerta, qualquer interação que cause excitação — até um silêncio prolongado — pode ser interpretada como indício de paixão. O desejo, muitas vezes, não nasce da presença, mas da dúvida. Foi exatamente isso que os psicólogos Donald Dutton e Arthur Aron demonstraram no experimento de 1974.

Nele, homens atravessavam duas pontes diferentes: uma estável e outra suspensa, balançando a vários metros do chão. No final, uma mulher atraente os abordava, entregava seu número de telefone e sugeria que ligassem se quisessem saber mais sobre o estudo. Aqueles que cruzavam a ponte instável eram muito mais propensos a ligar. Não porque a mulher fosse mais interessante, mas porque o medo eleva a frequência cardíaca, e o cérebro, confuso, traduziu aquilo como atração.

Essa confusão é quase automática. Quando estamos em estado de alerta, a mente busca uma causa para a agitação interna — e a pessoa mais próxima vira alvo. Ponte balançando, cena de filme de terror ou silêncio no WhatsApp: a reação é idêntica. O outro se torna a explicação mais sedutora para a nossa inquietação, e isso acontece porque tendemos a projetar desejo quando estamos inquietos. O contexto vira o palco perfeito para que a excitação se disfarce de conexão genuína.

Os psicólogos Stanley Schachter e Jerome Singer chamaram isso de "atribuição errônea da excitação": quando estamos fisicamente ativados, o cérebro procura uma justificativa plausível. Se ela aparece em forma de interesse romântico, a confusão está feita. O outro acaba sendo, sem querer, tanto o gatilho quanto a confirmação de um desejo que, na prática, é só biologia. Não é amor, é química. E como toda reação química, ela se dissipa assim que o estímulo desaparece — e com ela vai embora a ilusão de inevitabilidade que parecia tão convincente no auge da euforia.

O experimento da ponte suspensa é quase uma metáfora perfeita para a vida de solteira. Estamos sempre atravessando algum cenário instável — a incerteza do afeto, a imprevisibilidade das notificações, o medo do *ghosting*. E, no meio dessa travessia, qualquer sinal de interesse parece maior do que realmente é. Não estamos apaixonadas pela pessoa em si, mas pela descarga química que ela representa, como uma dose de dopamina no momento exato em que o desconforto atinge o auge.

Ana Suy diz que é natural a paixão trazer uma dose de ansiedade — as incertezas iniciais demandam isso. É o nervosismo antes de um encontro, a hesitação ao enviar uma mensagem, a oscilação entre o otimismo e o medo de se expor demais. Essa inquietude, em doses moderadas, é parte do encanto: significa que estamos investidas, que algo em nós se moveu. É a vulnerabilidade do território desconhecido, onde cada interação pode tanto confirmar o interesse quanto sinalizar um recuo.

O problema começa quando essa euforia deixa de ser sobre o outro e se torna apenas um alívio momentâneo para a própria inquietude. A presença acalma, mas a tranquilidade é temporária. Com a ausência instala-se um vazio, alimentando um ciclo vicioso de busca e expectativa. Estar apaixonada, nesse contexto, deixa de ser uma escolha e se torna compulsão — um impulso quase instintivo de preencher o desconforto interno a qualquer custo.

A questão é que essa fome emocional não está ligada ao outro, mas à própria sensação de estar em movimento, de permanecer no estado febril da incerteza. O desejo, quando moldado pela ausência, se alimenta mais da projeção do que da realidade. Não é o encontro que o sustenta, mas a promessa de algo inatingível. E quanto mais inalcançável, mais combustível ele se torna.

O desejo não quer permanência, quer tensão. No momento em que algo se torna disponível, ele deixa de ser um prêmio. O esforço deixa de fazer sentido, porque o território foi tomado, explorado, mapeado. Se não há risco de perda, não há eletricidade. O que fascina não é o outro, mas o intervalo entre o querer e o ter. Por isso, terra conquistada logo se torna terra abandonada.

A mulher do padre

A atriz e roteirista Phoebe Waller-Bridge é uma gênia. A construção da personagem Fleabag é tão precisa que seu olhar para nós, ao quebrar a quarta parede, parece perguntar: e você é tão diferente assim de mim? Não sou. Não porque eu também tenha certa queda por padres, mas porque entendo exatamente o que nele a atrai: sua indisponibilidade emocional. Ele se permite desejar, mas não escolher. Está ali, mas não está. Essa presença ausente — esse quase — tem um efeito magnético.

A indisponibilidade emocional não é apenas a recusa em se envolver, mas a arte de manter a proximidade sem permitir acesso real. Um jogo de controle no qual a vulnerabilidade é racionada e a intimidade, sempre adiada. Ela se manifesta tanto na relutância em nomear um relacionamento quanto na dificuldade de construir uma conexão genuína dentro dele. É o ato de manter a porta entreaberta: nunca fechada o suficiente para descartar a possibilidade, mas nunca aberta o bastante para permitir um encontro real.

A verdade é que a distância calculada tem um charme perverso, quase hipnótico. Ela oferece o desafio de decifrar alguém que, a princípio, parece impossível de acessar por completo. E quanto mais complicada a equação emocional, mais tentador se torna tentar resolvê-la. Não é por acaso que confundimos indisponibilidade com intensidade, silêncio com profundidade, resistência com autenticidade. Acabamos atraídas exatamente por aquilo que não conseguimos compreender totalmente

— talvez porque, no fundo, a ilusão de conquista seja mais sedutora do que a realidade da intimidade.

Eu sempre quis os mais misteriosos do grupo. Passei anos achando que só me interessava por quem era, de alguma forma, inalcançável. Aqueles que escolhem poucas pessoas para dar atenção, que estão mais para o canto da festa. Não podia ver um boy encostado na parede, bolando um, que já pensava: pronto, achei. Como se a indisponibilidade fosse um sinal de profundidade, e não um alerta de problema. Não era sobre gostar de sofrer — ninguém gosta, por mais que pareça —, mas sobre um padrão tão arraigado que eu nem percebia. Ser escolhida por quem parece não escolher ninguém sempre teve um apelo irracional, quase impossível de resistir.

O charme também era parte do problema. Esses homens sempre sabiam o que dizer, exalando uma confiança que parecia inabalável. Misteriosos, quase intocáveis. Desvendá-los parecia uma espécie de vitória, como se quebrar suas barreiras dissesse algo sobre o meu valor. Eu já me vi presa nessa fantasia, convencida de que, se me esforçasse mais — mais interessante, mais magra, bonita, mais de boa —, ele finalmente escolheria ficar.

O que prende Fleabag não é a santidade do padre, mas sua hesitação. Seu quase. Porque a indisponibilidade emocional é um contrato não verbal em que a outra parte nunca assina, mas também nunca se retira completamente. O desejo fica como uma chama baixa, nunca forte o suficiente para incendiar, mas sempre intensa o bastante para manter a ilusão acesa. E essa é a armadilha.

Fleabag não se apaixona por um homem. Ela se apaixona pelo enigma, pela interdição, pela promessa de que um amor impossível é mais real que um amor tranquilo. Porque, se não foi sofrido, foi amor mesmo? Cada conversa interrompida, cada toque seguido de recuo, cada olhar carregado de significado reforça a ideia de que o valor de um relacionamento está diretamente ligado à dificuldade em mantê-lo.

Talvez isso aconteça porque fomos treinadas para confundir afeto com incerteza. Porque crescemos assistindo a histórias nas quais o amor verdadeiro precisa ser conquistado, testado, sofrido. Afinal, os romances memoráveis são aqueles cheios de idas e vindas, desencontros, reviravoltas. A estabilidade nunca foi vendida como algo emocionante. Ninguém escreve um roteiro sobre duas pessoas que simplesmente se encontram, se escolhem e constroem algo sem turbulências cinematográficas.

Por muito tempo, culpei as comédias românticas por essa obsessão. Peço desculpas pelos exemplos heteronormativos e protagonizados por mulheres brancas, mas entenda isso mais como um sintoma das produções do início dos anos 2000 do que como escolhas pessoais de referência. Naquela época, as histórias de amor que moldavam o imaginário coletivo eram quase sempre contadas a partir desse recorte, como se o desejo fosse um clube seleto, com entrada reservada a quem se encaixasse nesse padrão.

Declaro culpados dois dos favoritos da época, não por coincidência. O filme *10 coisas que eu odeio em você* me ensinou a romantizar o cara distante, difícil, que só se abre para a garota certa. Heath Ledger, com seu sorriso torto e olhar blasé, era a própria materialização da ideia de que, para ser amada, você precisa primeiro ser testada. Ele muda, claro — mas só depois que ela prova ser digna desse amor. Uma narrativa que jamais considerou quantas mulheres nem sequer eram vistas como possíveis protagonistas desse tipo de redenção.

Outro clássico da época, a série *Gilmore Girls* seguia o mesmo roteiro, só que com um verniz de inteligência e ironia que fazia parecer menos clichê. Rory e Jess encenavam a clássica dinâmica da garota certinha e do cara problemático, como se a incompatibilidade fosse só um charme narrativo, e não um desastre anunciado. Jess, é claro, era branco, bonito, leitor de Bukowski — o tipo de cara complicado que a cultura pop nos ensinou a desejar. Pouco importava que ele sabotasse qualquer tentativa de intimidade; a promessa era que, com o amor certo, ele mudaria.

Na vida real, porém, essas idas e vindas não são cenas de um romance épico. Quase sempre são sintoma de algo que não está funcionando, mas que insistimos em acreditar que, um dia, será consertado por obra de algum destino mágico. Existe uma romantização da incerteza, como se a falta de garantias e a imprevisibilidade fossem prova de um amor mais genuíno. Enquanto isso, aquele que nos oferece constância, cuidado e presença é, paradoxalmente, visto como sem graça. Aprendemos a associar a montanha-russa emocional com profundidade, quando, na verdade, é só um ciclo vicioso de busca e recompensa — o mesmo que as redes sociais nos ensinaram a desejar.

Esse tipo de amor inconstante nos mantém presas a uma narrativa em que o que nos faz sofrer é também o que nos faz sentir vivas — uma narrativa tão enganosa quanto sedutora. Não é surpresa que, muitas vezes, acreditamos que o cara que aparece e reaparece de forma inconstante é o amor da nossa vida, enquanto aquele que nos promete estabilidade parece bobo, sem sal, sem graça, um mala ou qualquer outra desculpa que você inventa para justificar para suas amigas por que não dá uma chance para um cara que te faça sofrer menos.

A glorificação desse sofrimento reforça a ideia de que o amor que nos deixa inquietas é mais real do que o amor que nos traz calma. A mídia perpetua essa ilusão, vendendo a ideia de que relacionamentos tumultuados são mais autênticos e apaixonados. Filmes, séries, músicas — tudo isso alimenta o fetiche pelo drama, transformando a instabilidade em sinônimo de profundidade e nos fazendo acreditar que amar é, inevitavelmente, sofrer. Mas essa lógica é perigosa. Ela nos coloca em um estado constante de vulnerabilidade, sacrificando nossa estabilidade emocional em nome de uma ideia romantizada — e muitas vezes autodestrutiva — do amor.

Demorei tempo demais para perceber que esse padrão não era amor, mas uma estratégia. Talvez porque esses homens não desaparecem totalmente — estão sempre por perto, o suficiente para manter a ilusão de um vínculo, mas nunca o bastante para que você se sinta segura. São especialistas em criar distância emocional com charme e criatividade. Inspirada livremente nos perfis criados pela psicoterapeuta Imi Lo em seu livro *Emotional Sensitivity and Intensity* [Sensibilidade e intensidade emocional], resolvi desenvolver minha própria versão, porque já estive com todos eles.

Primeiro temos o Desapegado, aquele que rejeita qualquer conversa mais profunda sob o pretexto de que sentimentos estragam o clima. Você ensaia uma confissão vulnerável, e ele interrompe com uma leveza quase irritante, dizendo algo como "pra que pensar nisso agora?" ou "vamos só curtir o momento". Não é exatamente frieza, mas uma eterna resistência à responsabilidade emocional. Ao lado dele, demonstrar sentimentos ou pedir clareza soa quase como um exagero, e você começa a se questionar se não é você quem está exigindo demais.

Logo depois aparece o Desconstruído, aquele que parece emocionalmente evoluído e sempre pronto a falar sobre vulnerabilidade, autocuidado e comunicação não violenta. Ele conhece todos os termos certos, participa das conversas sobre novas masculinidades e aparenta ter feito todas as reflexões necessárias sobre relacionamentos saudáveis. Só que, na prática, essa consciência toda serve para justificar a própria indisponibilidade. Quando cobrado por um compromisso real ou por consistência emocional, ele responde com um discurso elaborado sobre a importância da liberdade individual e dos processos internos de cada um.

Por último, aparece o Low Profile, aquele que evita exposição e parece não precisar da validação das redes sociais. Ele posta pouco, observa muito, e toda essa discrição inicialmente desperta um charme irresistível. Com o tempo, porém, fica evidente que a reserva não é timidez nem introspecção verdadeira, mas sim uma estratégia cuidadosamente elaborada para preservar a própria indisponibilidade. Você nunca sabe ao certo o que ele pensa, sente ou deseja, porque qualquer aproximação é tratada com uma evasiva educada, porém definitiva. Ele não some, mas permanece oculto o suficiente para nunca precisar se revelar por completo.

Esses homens têm em comum uma distância segura, cuidadosamente construída para nunca precisar se entregar de verdade. O problema não é exatamente ausência física, mas essa indisponibilidade emocional que faz com que você esteja sempre perto, mas nunca suficientemente próxima. Eles não desaparecem, porque precisam dessa indefinição constante para manter o controle — e é justamente essa indefinição que eles confundem com liberdade.

Talvez seja essa exclusão programada que torne tudo tão viciante — a ideia de que, se houver uma exceção, é porque fomos especiais o suficiente para desviar alguém do seu próprio caminho. Uma ilusão cruel, mas ao mesmo tempo irresistível. Lutar pelo afeto faz com que o amor pareça mais merecido. Não se trata apenas de querer ser amada, mas de se tornar a raridade. Acreditar que, com compreensão, inteligência e afeto, a pessoa finalmente mudará. Que todo aquele charme frio e aquela confiança inabalável, um dia, vão derreter, revelando o lado vulnerável que só nós seremos capazes de acessar.

No início, o distanciamento se confunde com charme, autonomia, até "maturidade emocional". O homem parece alguém centrado, que "não faz drama" e "respeita o espaço do outro". O desfecho, claro, não apresenta surpresas. Tentar ser a exceção quase sempre termina em frustração. É como se o outro estivesse constantemente no comando, enquanto você ocupa o papel ingrato de espectadora de algo que jamais acontece plenamente.

A questão é que essa distância estratégica, vista como charme ou equilíbrio emocional no começo, logo revela sua verdadeira natureza: medo disfarçado de segurança, autonomia que mascara a incapacidade de conexão profunda. Não é maturidade, é autodefesa. E você fica presa nesse espaço intermediário, em que nada avança nem recua, à espera de um sinal claro que nunca chega.

Estar com alguém emocionalmente indisponível é como se apaixonar pelo ensaio geral de uma peça que nunca estreia. O toque é exato, o sexo tem a precisão de quem domina a arte de performar intimidade, e as conversas às duas da manhã criam a ilusão de uma conexão única — pelo menos até o momento em que você percebe que tudo não passa de uma simulação impecável. Quando por fim chega a hora de vivenciar aquilo na vida real, a cortina se fecha antes mesmo de a peça começar.

Esse roteiro, infelizmente, é tão familiar quanto desgastante. O que nos mantém presas nesse ciclo é a crença profundamente enraizada de que amar precisa ser um teste constante da nossa resistência emocional. Desde cedo, aprendemos que o afeto é um projeto de vida, uma tentativa incansável de lapidar o outro até que ele esteja finalmente pronto para retribuir tudo o que investimos. Nossa identidade acaba sendo construída ao redor da nossa capacidade de sermos desejadas. Como aponta Valeska Zanello, somos ensinadas a medir nosso valor pela capacidade que temos de despertar o desejo alheio — como se a dignidade só pudesse existir dentro desse esforço interminável por aprovação.

Não por acaso, mulheres que se envolvem com homens indisponíveis acabam assumindo um papel ainda mais delicado nessa dinâmica. Elas não apenas aceitam ser preteridas, mas também se acostumam a ser um segredo, um intervalo, um talvez. Não porque gostem de sofrer, mas porque foram ensinadas que amor verdadeiro exige paciência, sacrifício e renúncia. Enquanto o outro não se decide, elas se convencem de que a espera tem um propósito — como se a resiliência fosse uma virtude, e não apenas um mecanismo de sobrevivência em um jogo injusto.

Nesse ponto, surge uma ideia ainda mais perversa: a crença de que cabe às mulheres a tarefa emocional de transformar esses homens, tornando-os finalmente aptos para uma relação saudável. Quanto mais distante e fechado ele é, maior se torna o valor simbólico daquela que consegue "salvá-lo". Nasce assim o mito do amor redentor, uma promessa silenciosa e cruel que promove a ilusão de que, no fim, toda a dor será recompensada.

Só que essa promessa não é neutra; ela serve para manter as mulheres em posições subordinadas. Ao investirem na transformação do parceiro, desviam energia de projetos pessoais e do próprio crescimento. O tempo, o esforço e os sonhos que poderiam ser direcionados à própria vida acabam consumidos por tentativas frustradas de mudar alguém que não deseja ser transformado.

Esse mecanismo é tão sutil e tão naturalizado que facilmente passa despercebido, disfarçado como cuidado, paciência ou generosidade. Mas, como explica Valeska Zanello, essa dinâmica não é acidental; trata-se de uma negociação constante entre a realidade e o mito. O amor redentor é um projeto de longo prazo — e quase sempre sem retorno. Ele exige que as mulheres permaneçam em relações tóxicas ou insatisfatórias, alimentando a esperança de que, um dia, o parceiro será "digno" do amor delas. Nesse processo, elas não apenas abrem mão de seus limites, mas também aceitam condições que jamais tolerariam em outros contextos.

No fim das contas, entender essa dinâmica é perceber como ela se manifesta não apenas na teoria, mas na prática diária dos nossos próprios relacionamentos. O que me manteve presa a certas histórias nunca foi apenas o apego ao outro, mas a recusa em aceitar que todo investimento emocional poderia ter sido em vão. Abrir mão significava admitir que havia apostado no cavalo errado, e insistir parecia menos doloroso do que encarar a verdade.

Só que essa insistência não surge do nada; ela é sustentada por uma espera infinita. Aos poucos, deixar o tempo passar deixa de ser apenas um intervalo entre o começo e o fim da relação e se torna o relacionamento em si. Eu aprendi a aguardar e, com isso, passei a acreditar que meu afeto poderia transformar o outro. Que o parceiro distante se tornaria presente. Que o emocionalmente travado, em certo momento, se abriria. Que aquele que nunca me priorizou enxergaria meu valor. Essa expectativa silenciosa nunca se concretizou, porque partia da premissa errada: a ideia de que ele mudaria e que minha função era sustentar o vínculo até que isso acontecesse.

O problema dessa promessa é que ela exigia sempre mais ajustes da minha parte do que da dele. Na falta das mudanças prometidas, era eu quem precisava abrir mão de algo, remodelar comportamentos e criar condições cada vez mais confortáveis para facilitar o suposto "processo" dele.

Ajustei expectativas, diminuí minha presença e tentei ser mais leve, menos intensa. Ouvia que ele precisava de espaço, que tinha medo de se envolver, que ainda não estava pronto. Racionalizava cada ausência como uma fase necessária, como se amar fosse um campo minado em vez de uma troca espontânea. Por um bom tempo, acreditei que compreender e esperar eram provas da minha maturidade emocional. Só bem depois percebi que tudo o que eu fazia era decorar com almofadas macias e luz baixa o único espaço que ele realmente me oferecia: a sala de espera.

Como já explorei por aqui ao falar da "pedagogia da crueldade", conceito criado por Rita Segato, a violência contra as mulheres nem sempre se apresenta de forma explícita. Muitas vezes, ela se revela por meio de negligência, silêncio e exclusão. Estar à margem do desejo não foi um infortúnio individual, mas parte de uma estrutura que define quem pode ser visível e quem deve ser permanecer oculta. O papel que ocupei — a que espera, insiste, aceita as lacunas como se fossem parte natural do amor — não surgiu de uma escolha consciente, mas de um padrão imposto sistematicamente.

É dentro dessa lógica de invisibilidade e aceitação silenciosa que muitas vezes confundimos esperança com afeto. Foi por isso que demorei tanto para entender que aquele modelo de amor não se baseava no que existia no presente, mas em um potencial futuro que nunca chegava. Passei anos interpretando migalhas como avanços e transformando ausências em enigmas a serem resolvidos. Em algum momento, percebi que não estava apaixonada por ele, mas pela promessa do que ele poderia se tornar.

Passei anos presa na ideia de que transformar alguém emocionalmente fechado em alguém pronto para amar seria uma conquista pessoal. Como se a falta de reciprocidade provasse que aquele sentimento era sofisticado demais para ser simples. Fleabag não perdeu porque o padre foi embora, mas porque acreditou na fantasia de que a intensidade do que sentia poderia vencer as regras inegociáveis daquela relação.

Durante muito tempo, me convenci de que bastava ter um pouco mais de paciência, mais calma, mais autocontrole, e então finalmente seria escolhida. Quando o afeto era oferecido sem esforço, eu desconfiava. bell hooks descreve perfeitamente essa sensação: aceitar um amor verdadeiro exige desmontar os modelos que nos ensinaram que carinho precisa ser uma conquista. Se algo vinha fácil demais, eu logo suspeitava que houvesse um erro. Era como se, por não ter sido uma luta constante, aquele amor fosse menos real ou digno de valor.

Insistir parece sempre uma decisão consciente, mas a verdade é que era um condicionamento disfarçado de escolha. Eu acreditava que permanecia porque queria, quando, na realidade, permanecia porque fui ensinada que amor envolve sacrifício, que todo relacionamento atravessa fases difíceis e que desistir significava admitir um fracasso. Narrativas românticas glamorizam o desgaste emocional, transformando a persistência em algo admirável, enquanto o que realmente está em jogo é apenas a nossa resistência a abrir mão. No fim, insistir já era uma resposta clara: eu aceitava menos do que merecia porque achava que lutar contra mim mesma era uma demonstração de força.

Percebi que a lógica que me ensinaram sobre amor já havia me ferido muito antes de qualquer relação começar. Quanto mais tempo eu gastava me esforçando por alguém que não respondia à altura, mais internalizava a ideia perversa de que meu valor estava na capacidade de tolerar o intolerável. Desde cedo, aprendi a me medir não pelo quanto me sentia livre e valorizada, mas pelo quanto conseguia suportar ausências, sustentar indiferenças e resistir ao desprezo. Era como se meu objetivo fosse provar que eu era digna o suficiente para ser escolhida — mesmo que essa escolha jamais se concretizasse.

Esse condicionamento construiu uma autoestima baseada na escassez. Em vez de me reconhecer como digna de amor desde o início, passei a me enxergar como um projeto inacabado, que precisava ser lapidado para merecer afeto. Se ele ainda não quis ficar, então eu precisava ser mais paciente. Se ele desapareceu por um tempo, talvez eu tivesse sido intensa demais. Se ele não demonstrava carinho, era porque ainda não se sentia seguro. O que deveria ser um limite, eu transformava em desafio.

Em *Tudo sobre o amor*, bell hooks chama isso de ciclo de autossabotagem emocional: "Buscamos fora aquilo que falta dentro — e, muitas vezes, escolhemos exatamente quem reforça essa ausência". O desejo pelo indisponível não se referia só a querer o outro, mas a provar para mim mesma que eu era digna de ser escolhida. Como se a vitória, independentemente do tempo e da qualidade da espera, validasse meu valor.

Esse ciclo me manteve presa a um esforço emocional que se tornou um mecanismo de compensação. Em vez de encarar a falta de reciprocidade como um limite inegociável, enxergava como um teste. O que poderia ser um simples "não" se transformava em uma jornada de autoaperfeiçoamento sem fim, na qual eu acreditava que, se fizesse tudo certo, a espera seria recompensada. Quanto mais investia, mais difícil era sair. Coloquei meu valor na capacidade de transformar a relação, e abandonar essa missão parecia um ataque direto à minha identidade. Se eu desistisse, quem eu seria sem esse projeto de amor?

A resposta para essa pergunta veio aos poucos: não havia falha minha a corrigir, e o amor não deveria ser uma conquista. Ele sempre existiu — e agora posso aprender a recebê-lo sem medo.

Nos convenceram de que o nosso impulso mais radical não é querer tudo — mas abrir mão de tudo. Amar, para as mulheres, muitas vezes significa priorizar a sobrevivência emocional do outro em detrimento da própria existência. Nos venderam o amor como se fosse um salto no escuro, um risco, um perder-se para se encontrar. Mas quem é que está sempre se perdendo?

O amor masculino nunca vem acompanhado dessa expectativa de sacrifício. Nenhum homem é ensinado a provar seu amor abrindo mão da própria vida. Nenhum homem precisa demonstrar sua entrega reduzindo a própria voz, colocando seus desejos em segundo plano ou tornando-se mais "fácil de amar". Para nós, amar significa se moldar. Para eles, significa serem aceitos como são.

Há um subgênero inteiro de filmes fetiche, focados na frustração masculina, que segue essa lógica: a mulher bem-sucedida em uma grande cidade retorna à sua cidade natal para visitar a família. Lá, ela encontra um antigo amor que ficou na cidade, feliz com a simplicidade da vida. Não demora para ela questionar sua felicidade atual e descobrir que seu verdadeiro destino é abrir uma confeitaria no interior. Por amor. Aquele homem que reclamava que ela trabalhava demais, que dizia que ela não sabia "relaxar", que precisava de uma vida mais simples, de repente se torna o eixo da sua nova realidade. A felicidade feminina, nessa narrativa, só pode existir quando ela renuncia à ambição.

Nossa coragem foi condicionada a ter um único destino: amar. O discurso do amor romântico sempre nos vendeu a ideia de que amar alguém com todo o coração é a forma mais nobre de existir. Mas e se o verdadeiro ato de rebeldia for recusar esse destino? Quando a poeta Audre Lorde declarou que "cuidar de mim mesma não é autoindulgência, é autopreservação", ela não estava falando de tratamentos estéticos — ela denunciava um sistema que nos obriga a ver o amor como o único combustível para revoluções.

A ideia de que o amor é a nossa maior missão nunca serviu apenas para nos preencher, mas para nos controlar. Enquanto estivermos ocupadas amando, salvando, esperando, não estaremos criando, questionando, assumindo o protagonismo da própria história. Nos disseram que o amor exige entrega, mas nunca nos avisaram que, para muitas de nós, essa entrega significava desaparecer.

Foi só quando comecei a perder meus traços de adolescente e enfim me apaixonei pela reciprocidade, e não pela adrenalina, que percebi o quanto essa ideia estava impregnada em mim. Nunca tinha estado plenamente consciente do padrão, mas sempre soube, de alguma forma, que o amor não deveria ser fácil. A dificuldade não era um obstáculo — era um critério. Se eu precisasse me esforçar, então valia a pena. Se não houvesse luta, talvez não fosse real.

Demorei para entender que essa lógica nunca me favorecia. O jogo era previsível, mas sempre contra mim. Em algum momento, percebi que nunca seria prioridade. Nunca houve uma promessa real, apenas uma presença conveniente. Amar um homem que só aparece quando quer não é romance — é rebaixamento.

Pedir mais nunca foi uma opção viável. O medo da resposta sempre venceu. A frase engasgada — *e eu?* — nunca chegou a ser dita. Toda mulher que já precisou implorar por amor aprendeu que pedir é o jeito mais rápido de ser descartada. Melhor aceitar o que é oferecido, se adaptar, tentar ser mais leve, mais fácil de lidar. Afinal, quando o amor exige sacrifício, insistir é sempre mais seguro do que reivindicar.

A repetição dos padrões é dolorosa, mas também é uma oportunidade. A verdadeira liberdade vem de entender que, embora nossa história tenha moldado nossas percepções, temos o poder de reconstruir essas fundações.

Enquanto esperava que o outro decidisse, esquecia que eu também poderia escolher ir embora. O problema de viver em um mundo onde nos ensinaram que o amor é ser escolhida é que desaprendemos a escolher a nós mesmas. E, como o padre responde quando Fleabag, desesperada, diz que o ama pra caralho:

"Vai passar".

Pare de pintar as bandeiras vermelhas de branco

"Quando as pessoas lhe mostram quem elas são, acredite nelas da primeira vez." — Maya Angelou

Potencial não é paixão

O título deste capítulo vem do episódio do meu podcast com a professora Valeska Zanello.[7] Quando o post divulgando a conversa foi ao ar, tomei um susto com a enxurrada de comentários de homens indignados, certos de que estávamos falando apenas sobre potencial financeiro. Até então, eu nem sequer havia considerado que a palavra "potencial" pudesse ser interpretada dessa forma. Mas logo entendi que, para eles, a única área que uma mulher poderia questionar o desenvolvimento de um homem era a financeira. A ideia de que ela poderia estar refletindo sobre o amadurecimento emocional simplesmente não existia. Se havia algo a ser desenvolvido, só poderia ser o saldo bancário.

É curioso como o medo de serem reduzidos a dinheiro os impede de enxergar o quanto nos reduzem ao papel de incubadoras emocionais. Enquanto falamos sobre a exaustão de amar homens imaturos, eles ouvem apenas uma crítica à sua condição financeira. Estão tão acostumados a serem medidos pelo patrimônio que não consideram que nossa expectativa possa ser outra: que cresçam. Que saibam nomear os próprios sentimentos. Que assumam a responsabilidade pela forma como amam. Mas a verdade é que muitos nem sequer cogitam evoluir no que realmente importa para nós: emocionalmente.

Essa é a diferença entre um homem e um projeto de homem.

Durante o aniversário de cinco anos do *Bom Dia, Obvious* no palco do Theatro Municipal de São Paulo, a empresária e podcaster Lela Brandão (sim, do amado *Gostosas Também Choram*) definiu relacionamentos desgastantes como um "ciclo de desconforto". Ela explicou: "Você fica porque, por pior que seja, já sabe o que esperar. É desconfortável, mas familiar". Essa frase ficou comigo porque resumiu exatamente o que eu havia vivido: permanecer em relações exaustivas não só por apego à pessoa, mas à familiaridade daquela situação, por pior que fosse.

É um cenário tão comum quanto traiçoeiro: você não fica porque acredita genuinamente que algo vai mudar, mas porque o presente é previsível, ainda que doloroso. O amor deixa de ser algo vivido agora e passa a existir apenas na expectativa de um futuro diferente. Esse mecanismo faz com que pequenos gestos isolados — um pedido de desculpas, um carinho inesperado depois de dias difíceis — pareçam sinais claros de que as coisas finalmente mudarão.

Só que o futuro nunca chega, porque a relação não é baseada na realidade presente, mas em uma projeção constante do que o outro poderia ser. Em vez de enxergar a pessoa real diante de nós, enxergamos uma espécie de rascunho, um projeto pessoal que depende quase exclusivamente do nosso esforço e paciência. Não é apenas amor: é uma aposta emocional arriscada, baseada na crença de que se tentarmos o suficiente, ele se transformará naquilo que idealizamos.

É nesse ponto que a teoria da psicóloga Emily Nagoski ganha força. No livro *Burnout: o segredo para romper com o ciclo do estresse*, Nagoski explica que o desgaste emocional não ocorre apenas pela dificuldade em si, mas pela incapacidade de concluir ciclos emocionais. Quando a gente se envolve em relações nas quais o investimento emocional nunca é devidamente fechado — quando não há reciprocidade, clareza ou resolução — o corpo permanece em constante estado de alerta. Não é só ansiedade ou frustração passageira, é um acúmulo de estresse que nos mantém presas em um estado de espera infinita.

Nagoski ressalta ainda que o estresse crônico vem justamente da repetição incessante da expectativa seguida pela frustração. Quanto mais investimos sem retorno, mais nosso cérebro aprende que essa dinâmica é "normal", dificultando cada vez mais a saída. Encerrar o ciclo não significa apenas sair da relação, mas dar ao corpo e à mente o encerramento emocional necessário para seguir adiante sem se sentir em dívida com o passado.

Não fiquei presa às relações desgastantes por ignorância dos sinais de alerta, mas porque acreditei que instabilidade era uma etapa necessária rumo a um amor sólido. Ninguém explica que algumas dificuldades não são temporárias, mas estruturais. Não se trata apenas de esperar uma mudança, mas de encarar um padrão que dificilmente será rompido. O custo dessa espera não é apenas emocional; ele rouba tempo, energia e espaço que poderiam ser direcionados para o próprio crescimento.

Reconhecer isso foi o começo de uma libertação: não se trata de perder o outro, mas de recuperar a si mesma. Esperar não é paciência, é condicionamento. Nenhuma grande transformação acontece enquanto estamos presas à ideia de que cabe a nós transformar alguém indisponível. O amor precisa ser mais do que a promessa de algo que um dia talvez exista; ele precisa caber no presente, sem que tenhamos que abrir mão de quem somos hoje em nome de uma versão futura que talvez nunca se concretize.

Foi no mar do norte da Bahia que minha mãe, ao ver como eu vinha sendo tratada e minha insistência em negar o óbvio, me disse com uma mistura de leveza e urgência: "Filha, você é tão jovem". Não foi uma frase revolucionária, mas chegou como um despertar, tirando uma venda que eu sequer percebia que usava. Durante anos, estive tão focada em garantir um futuro melhor com alguém, que não percebi o quanto eu estava sacrificando no presente.

Naquele momento percebi que minha juventude não dizia respeito apenas à idade, mas à possibilidade de escolhas, caminhos e histórias ainda por viver. Eu não precisava me prender ao desgaste emocional, à espera, à luta constante por mudanças que nunca se consolidavam. Minha mãe, talvez sem perceber, me lembrou que a vida não precisa ser tão difícil. Ela estava dizendo, nas entrelinhas, que ainda havia tempo para recomeçar, e que a verdadeira vida estava acontecendo longe daquele ciclo exaustivo.

Essa conversa simples trouxe clareza sobre algo maior: o amor não precisa ser medido pelo sofrimento ou resistência às dificuldades.

Na verdade, o real desafio nunca foi resistir mais um dia, mais um mês, mais um ano, mas reconhecer o momento exato em que insistir deixa de ser força e passa a ser apenas uma forma elaborada de autoabandono. O amor não é uma batalha, e entender isso foi o primeiro passo para que eu pudesse enfim romper aquele ciclo.

Não há revolução maior do que recusar uma relação que pede demais e devolve de menos. Nem sempre fomos ensinadas a desistir — fomos ensinadas a lutar, a insistir, a compreender, a esperar. Só que o amor não é uma corrida de resistência, e o tempo não deveria ser argumento para continuar onde já não faz sentido estar. A ideia de que uma relação ganha valor pelo número de anos enfrentando dificuldades é apenas mais um mito que nos mantém presas. A verdadeira questão nunca foi "quanto tempo passamos ao lado de alguém", mas "o que ainda estamos fazendo ali".

Hoje entendo que desistir daquela história não significou abrir mão de algo valioso, mas sim recuperar minha capacidade de sonhar, de existir, de desejar além do próximo ciclo. O que poderia ter sido visto como fracasso acabou sendo um ato profundo de autonomia. Minha mãe estava certa: eu era jovem demais para aceitar menos do que merecia — e a vida estava, finalmente, apenas começando.

Eu também estava lá

"Você é a mulher perfeita", ele disse, e cheguei a apertar meus olhos, como se enxergando melhor eu pudesse acreditar na cena que parecia uma ficção na minha frente. Foram muitos anos imaginando como seria esse momento, e em todos os cenários meu medo desenhava o que já conhecia: gritos, ofensas, portas batendo. Mas perfeita? Promessas de mudança? Eu tinha me preparado pra tudo, menos pra isso.

O choque daquele instante não veio exatamente do elogio inesperado, mas do quanto ele contrariava tudo o que eu havia aprendido até então. Durante anos, treinei meu olhar para interpretar pequenas mudanças de humor, antecipar crises e evitar conflitos. A instabilidade se tornou tão familiar que, diante da aparente mudança, desconfiei imediatamente. Uma parte de mim queria acreditar, mas a outra já esperava que a promessa se quebrasse a qualquer momento.

Susan Forward passou anos estudando por que tantas mulheres permanecem em relações destrutivas. Em *Homens que odeiam suas mulheres & as mulheres que os amam*, ela revela como, para muitas de nós, o amor sempre foi um contrato condicional: concedido sob certas regras e facilmente revogado. Ele é instável por natureza, uma promessa frágil sustentada pela obediência. Aprendemos a reconhecer padrões, a prever oscilações de humor, a medir palavras para não perturbar o equilíbrio delicado do relacionamento. O amor se torna um campo minado, onde cada passo precisa ser calculado.

Forward chama isso de "dança da sedução e rejeição", um ciclo perverso em que a mulher acredita que, se for boa o bastante, paciente o suficiente, se encontrar o tom exato entre doçura e firmeza, um dia será plenamente amada. Esse padrão não surge apenas nas relações mais obviamente abusivas. Muitas vezes ele aparece disfarçado de elogios inesperados, pequenos gestos de carinho, promessas repentinas de mudança. São esses momentos de leveza que mantêm as mulheres presas ao ciclo, alimentando uma esperança que a cada dia se renova.

Talvez o maior perigo seja justamente a dificuldade de reconhecer que esses momentos esporádicos de aparente conexão são apenas parte da dinâmica abusiva, e não sua exceção. Quanto mais tempo investimos em decifrar o comportamento do outro, menos energia sobra para enxergar a situação com clareza. E quando um elogio inesperado como aquele aparece, é fácil se apegar a ele como prova definitiva de que algo finalmente mudou. O amor condicional nos condiciona também, fazendo-nos acreditar que cada pequeno gesto precisa ser valorizado acima do contexto maior de sofrimento emocional.

Hoje entendo que aquela declaração inesperada não foi uma exceção à regra, mas a regra em si. O elogio tinha como objetivo restaurar o equilíbrio que começava a se romper, garantindo minha permanência naquele espaço tão conhecido de insegurança e espera. Não era um sinal genuíno de mudança, mas uma estratégia para garantir meu investimento emocional por mais tempo.

O que eu demorei para entender é que essa lógica de elogios pontuais seguidos por pequenas punições emocionais é exatamente o que mantém uma relação instável em funcionamento. O amor passa a existir não como uma conexão autêntica, mas como uma negociação constante em que o medo nunca desaparece por completo.

O medo não se instala como uma ameaça declarada. Ele chega nos silêncios prolongados, nos olhares que esfriam sem explicação, na forma como um elogio vira crítica se feito um segundo depois do esperado. O amor se torna um exercício de previsão, e a mulher aprende que precisa gerenciar não apenas suas palavras, mas o humor de quem está ao seu lado. A perfeição não é um traço de personalidade, mas uma estratégia de sobrevivência. Ser perfeita não significa ser amada; significa não ser punida.

Não é um erro de percepção, nem um traço de personalidade ansiosa. É um mecanismo construído para manter o outro em estado de submissão sem precisar de ordens diretas. Pequenos gestos, mudanças sutis no tom de voz, variações imprevisíveis no comportamento criam um ciclo de dependência. O medo, mais do que qualquer palavra dita, ensina a obedecer antes mesmo que seja necessário exigir.

Antes mesmo de tomarmos consciência, o corpo já aprendeu a ler essas variações. E, pouco a pouco, a rotina passa a ser moldada por tentativas de evitar o erro, a explosão, o abandono. O medo não aparece de uma vez. Ele se infiltra aos poucos, nos detalhes, na espera que nunca termina, na sensação de que qualquer movimento pode desmoronar tudo. Tomadas pela incerteza, ajustamos nosso comportamento sem perceber. Falamos menos. Ocupamos menos espaço. Medimos cada palavra. Quando nos damos conta, já não vivemos, apenas nos adaptamos.

A necessidade de ser perfeita não nasce apenas do desejo de aceitação, mas do medo da rejeição. Para muitas mulheres, a perfeição se torna um mecanismo de defesa: se eu for impecável, se eu nunca errar, então ninguém terá motivos para me abandonar ou me desprezar. Essa segurança é ilusória. Como em tantas relações abusivas, a perfeição não é um critério objetivo, mas uma linha invisível que se move o tempo todo.

O desgaste desse processo não é óbvio para quem está imerso nele. Você se adapta antes mesmo de perceber que algo mudou. O que antes parecia um esforço pontual para manter a harmonia se torna uma rotina de concessões. A dúvida sobre si mesma se instala sem que precise ser imposta. Mariana Goldfarb viveu esse ciclo — e, mais importante, mostrou como é difícil reconhecê-lo enquanto ele acontece.

Ela não é uma exceção. Mariana, como tantas mulheres, cresceu acreditando que amor e angústia andavam juntos. Ela contou como passou anos achando que o problema estava nela — que talvez precisasse ser mais paciente, mais compreensiva, menos exigente. Seu corpo, no entanto, sabia a verdade antes que ela pudesse admitir: o medo que sentia não era irracional. A ansiedade que a mantinha em estado de alerta era a prova de que seu relacionamento não era apenas difícil, mas estruturado para deixá-la dependente.[8]

Por muito tempo, ela achou que a ansiedade constante, o medo de errar, a necessidade de prever cada palavra e cada gesto eram falhas internas, e não um efeito calculado da relação. Eu sei, Mari, eu também estava lá.

Quando Mariana decidiu falar sobre sua experiência, fez algo que muitas mulheres hesitam em fazer: nomear o abuso. Existe um tabu enorme em admitir que você, uma mulher inteligente, bem-sucedida, independente, caiu nesse ciclo. Como se só mulheres ingênuas ou dependentes emocionais fossem vítimas desse tipo de relação. Mas o abuso não se sustenta apenas pela ignorância, e sim pelo afeto.

A ansiedade não é um efeito colateral do abuso; é o próprio método. Primeiro, ela surge como um desconforto difuso, depois, como uma tensão contínua, até que viver em alerta se torna o único estado possível. Pequenos sinais criam um condicionamento silencioso: uma mudança no tom de voz, um suspiro impaciente, a demora em responder uma mensagem.

O que me mantinha nessa situação não era a falta de percepção, mas a crença de que, em algum momento, o equilíbrio se restauraria. Cada gesto de paciência, cada sacrifício acumulado era um investimento. A promessa era sutil, mas poderosa: se eu suportasse o suficiente, a relação voltaria ao que já foi um dia. O que eu não sabia é que essa promessa nunca foi real — ela só existia para manter o jogo funcionando.

A lógica da lua de mel eterna é uma das mais cruéis porque transforma lembranças em promessas. Susan Forward descreve como mulheres em relacionamentos abusivos se tornam reféns dessa ideia: se ele já foi tão bom no começo, então, em algum lugar dentro dele, esse homem ainda existe. Se houve afeto, a culpa pelo desaparecimento dele só pode ser nossa. Assim começa a busca incansável para recuperar o que nunca foi real.

A leitura de *Why Does He Do That?* [Por que ele faz isso?], de Lundy Bancroft, me ajudou a entender a precisão desse sistema. Em um fórum sobre relacionamentos abusivos, encontrei um relato que ilustra isso perfeitamente: "Comprei recentemente *Why Does He Do That?*, e é incrivelmente revelador, validante. Ele encontrou o livro ontem à noite. Nem preciso dizer que está FURIOSO. Parece chocado. Talvez envergonhado, mas tenta encobrir isso com raiva (que surpresa!). Para algumas de nós, essa pode ser uma situação perigosa — até fatal."

Ele não precisou abrir o livro para saber que era sobre ele. O abusador sempre sabe. Sabe exatamente o que faz, onde apertar e até onde pode ir antes que alguém perceba.

O abuso não se sustenta apenas pelo medo ou pela violência, mas pela confusão. Pelo tempo que faz a vítima perder duvidando da própria percepção. Ele não é um erro de programação, um surto, uma falha. Ele é intencional. É ensaiado.

O que assusta em *Why Does He Do That?* não é apenas a frieza do comportamento abusivo, mas sua previsibilidade. Bancroft desmonta a ilusão de que agressores "perdem o controle" e revela como suas ações são, na verdade, intencionais e calculadas. Como se houvesse um manual invisível, um roteiro seguido com precisão por homens que nunca se encontraram, nunca trocaram notas, nunca precisaram de um curso para aprender a manipular. O abusador não apenas sabe como minar a autoestima da vítima, mas entende que precisa dosar suas agressões.

Se fosse só violência, a mulher sairia. Se fosse só doçura, ele perderia o controle. O poder está na alternância, no jogo de esperança e frustração que mantém a vítima emocionalmente exausta. Bancroft explica que esses ciclos não são aleatórios, mas parte de um sistema. Um modelo de controle que funciona porque a mulher aprende a esperar pela parte boa — e a parte boa sempre volta, só o suficiente para convencê-la a ficar.

A gente gosta de pensar que entende o abuso. Homens machucam mulheres. Homens exercem poder. Homens controlam. Mas a realidade não é tão simples, e a narrativa única do abuso como um problema exclusivamente heterossexual nos trai.

Em *Na casa dos sonhos*, Carmen Maria Machado desmantela essa ilusão. Seu relacionamento com outra mulher, que começou como um espaço de afeto e pertencimento, se tornou um labirinto de manipulação emocional e abuso psicológico. A violência não veio da força física, mas da linguagem, do silêncio, da imprevisibilidade. É uma história que poucos querem contar, porque ameaça uma ideia confortável: a de que mulheres não machucam outras mulheres, de que a vulnerabilidade feminina nos isenta da possibilidade de sermos agentes do abuso. Mas Carmen desmascara essa visão, mostrando que a violência pode surgir onde menos esperamos — e como, quando não temos as ferramentas para reconhecê-la, demoramos ainda mais para nos libertarmos dela.

O que *Na casa dos sonhos* revela de forma brutal é que o abuso não está apenas na mão que bate, mas no jogo psicológico que desarma. Carmen descreve como sua ex-parceira alternava entre amor e frieza, criando uma montanha-russa emocional que a mantinha presa. Havia explosões de raiva seguidas por desculpas doces, promessas de mudança que nunca se cumpriam. Pequenos gestos eram ressignificados até que ela já não sabia mais o que era normal, o que era aceitável, o que era culpa dela. Isso não é uma história de uma mulher fraca. É a história de como a manipulação emocional pode sequestrar qualquer pessoa, independentemente de gênero, identidade ou orientação sexual.

A perfeição feminina sempre foi um truque, mas nos relacionamentos queer ela carrega uma camada extra de culpa. Há uma pressão para que esses relacionamentos sejam exemplos impecáveis de amor e liberdade, como uma resposta ao que nos disseram que o amor deveria ser. Mas a verdade é que mulheres também podem exercer poder sobre outras mulheres de formas perversas. A fragilidade aparente pode ser uma máscara para o controle. E o silêncio de quem sofre é amplificado pelo medo de reforçar estereótipos, de entregar mais uma narrativa que diga: "Viu? Mulheres não sabem amar mulheres". Carmem Maria Machado fala sobre essa hesitação, sobre como demorou a perceber o que estava vivendo, porque ninguém nunca lhe disse que o abuso também poderia ter um rosto familiar, gentil, parecido com o seu.

Amar uma mulher não nos imuniza contra a violência. Confiar em alguém que entende seu corpo, seu desejo, sua história, não significa que essa pessoa não pode te ferir. Mas quando crescemos sem ver essas histórias sendo contadas, sem nome para essas dores, levamos mais tempo para entender que o amor que fere, seja qual for sua configuração, não é amor — é controle.

Quando a violência não tem nome, ela se disfarça de intensidade. A ausência de exemplos faz com que quem sofre demore a reconhecer que não está apenas em um relacionamento difícil, mas em uma estrutura projetada para corroer sua percepção da realidade. O abuso não depende do gênero, mas do jogo de controle. A manipulação emocional não acontece por acidente; ela é construída de forma calculada, disfarçada de cuidado, revestida de promessas. O controle, por definição, não é um descuido. Ele é uma intenção mascarada de amor.

Mas não é só o medo que nos prende a uma situação de controle. É o condicionamento. Sustentar, engolir, consertar — esse padrão não precisa ser ensinado diretamente; ele se infiltra nos gestos, nos silêncios e nas dinâmicas familiares que normalizam a inversão de papéis. O que começou como um instinto de sobrevivência se transformou em uma cela sem grades: cada concessão me apagava um pouco mais. O esforço era incessante, mas se disfarçava de escolha.

Ser desejada nunca foi tão importante quanto ser tolerável. A mulher perfeita se anula para manter um relacionamento, enquanto a mulher de boa finge que não precisa de nada para continuar desejável. Mas ambas seguem a mesma lógica: o valor de uma mulher está diretamente ligado à sua capacidade de não incomodar.

Passei tanto tempo tentando corresponder, tentando ser suficiente, que, no fim, me tornei apenas isto: uma resposta ao desejo do outro. A sensação era de estar sempre aberta, exposta, um grande machucado em carne viva tentando parecer funcional. Não bastava dar tudo — era me tornar tudo de que o outro precisava, até não restar mais nada de mim. A exaustão era disfarçada por gestos cuidadosos, palavras calculadas, em uma presença que não pedia nada em troca. Amar, diziam, era se entregar por inteiro. Então me entreguei até a última parte, acreditando que essa era a única forma de permanecer.

A sociedade nos ensina a medir nosso valor pelo quanto somos capazes de suportar: o quanto investimos, o quanto nos dobramos, o quanto nos esgotamos tentando consertar alguém. Desde cedo, aprendemos que paciência e tolerância são virtudes femininas. A resistência se transforma em métrica de afeto, o sofrimento, em evidência de comprometimento.

Para muitas de nós, o amor sempre veio misturado com esforço, exaustão e a necessidade de provar que somos boas o bastante para sermos escolhidas. Pouco importa o gênero de quem está do outro lado. O que se repete é a mesma ideia: o amor precisa ser validado pelo desgaste.

A crença de que há uma maneira certa de ser mulher em um jogo criado para nos esgotar é uma grande ilusão. Não importa o caminho escolhido, o resultado sempre se repete: mulheres tentando, tentando e tentando, até não restar mais nada. O desejo de acertar, de encontrar um espaço seguro dentro de regras que nunca foram feitas para nos proteger, nos mantém presas nesse ciclo sem fim. Mas e se a espera nunca for recompensada? E se, no fundo, essa lógica tiver sido criada exatamente para que nunca seja suficiente?

O contrato, embora nunca assinado, é claro: provar que somos dignas de amor significa estarmos dispostas a nos moldar. A promessa sempre foi esta: suportar, dobrar-se, abdicar. Desistir soa como fracasso, então ficamos. Tentamos. Aguentamos. Ele precisa de espaço, tempo, compreensão. Nós precisamos esperar. O que parecia uma pausa estratégica vira um cárcere emocional sem data para a liberdade.

O amor, nessas condições, se transforma em um teste de resistência. Quanto mais difícil, mais autêntico parece ser. A indisponibilidade vira um suposto desafio a ser vencido. Aprendemos a confundir indiferença com mistério, ausência com intensidade. Ficamos esperando aquele momento em que tudo vai fazer sentido, quando, na verdade, a única coisa que faz sentido é se retirar.

A fórmula é sempre a mesma: amar incondicionalmente, aceitar os excessos do outro, relevar suas faltas, nos moldarmos ao que ele precisa. Em troca, ele vai nos amar e, enfim, vamos nos sentir suficientes. Mas essa troca nunca acontece. O que parecia afeto era, na verdade, desespero disfarçado de devoção. É querer tanto ser validada que aceitamos ser tratadas como opcionais, acreditando que o sacrifício, em algum momento, será recompensado. Quando isso inevitavelmente falha, a culpa recai sobre nós: "Se ele não ficou, é porque eu ainda não me amo o suficiente".

Esta é a maior fraude do amor-próprio adestrado: nos fazer acreditar que, se o amor não chegou, é porque estamos erradas. Como se a falta de afeto fosse um reflexo da nossa insuficiência, e não das circunstâncias ou das escolhas do outro. Como se a solução para a rejeição fosse continuar nos dobrando, provando, existindo da maneira mais conveniente para o outro. Fomos treinadas para ser incansáveis, para acreditar que, se nos esforçarmos o bastante, um dia seremos amadas do mesmo jeito que amamos.

Mas há um limite. Depois de uma vida inteira se adequando ao que os outros precisam, o corpo cansa, a mente cansa, a alma cansa. O que parecia amor revela seu custo real: um esgotamento contínuo, uma existência construída em concessões, um pacto silencioso em que só uma das partes precisa ceder. Ser fácil de amar, afinal, quase sempre significa ser alguém que não atrapalha.

Colocar toda a energia no outro enquanto se esquece de si mesma não é generosidade, é autossabotagem fantasiada de virtude. O cuidado vira um escudo, uma tentativa desesperada de manter o outro por perto, como se a dedicação fosse uma apólice contra o abandono. A lógica é cruel: fazer-se indispensável para evitar ser deixada. Mas não existe amor suficiente que justifique a própria anulação.

Ninguém devolve na mesma moeda. Quem se acostuma a receber sem esforço acaba esperando ainda mais. Quando essa entrega incondicional finalmente cessa, a cobrança surge como se o equilíbrio natural tivesse sido quebrado. O que antes parecia dedicação se transforma em dívida. O desgaste emocional de sustentar uma relação assim é imenso. O peso de manter o outro confortável à custa do próprio esvaziamento não deveria ser confundido com amor.

A perfeição é um trabalho sem fim. Como um experimento cruel, ela exige cada vez mais, mas nunca entrega a recompensa prometida. Um dia, você acha que finalmente encontrou o equilíbrio certo entre amor e tolerância. No dia seguinte, o jogo muda. A meta se desloca. O que antes era aceito, agora incomoda; o que antes era suficiente, agora parece pouco. E o mais perverso é que a responsabilidade nunca é do outro. A culpa sempre acaba voltando para nós. Talvez eu tenha exagerado. Talvez tenha falado na hora errada. Talvez tenha sido exigente demais. O truque não está no abandono explícito, mas na insegurança que se instala, sutil e persistente, até que a dúvida se torne maior do que qualquer certeza.

A exaustão emocional é inevitável. Passar a vida decifrando desejos alheios, ajustando falas, calibrando gestos para garantir que o outro esteja satisfeito tem um custo alto demais. No fim, sobra apenas o ressentimento — com o outro, com a relação, mas principalmente consigo mesma. Se preocupar obsessivamente com as vontades alheias vira um desvio confortável para evitar olhar para a própria vida. A obsessão pelo que o outro sente ou deseja funciona como um anestésico eficiente contra a ausência de um espaço interno próprio.

A história de Mariana Goldfarb é o que Bancroft descreve com precisão em seu livro: um roteiro escrito sem que a vítima perceba que já entrou em cena. O ciclo de tensão, explosão e lua de mel. A culpa projetada de volta para a mulher. A racionalização do que é inaceitável. A esperança de que ele vai melhorar. As pequenas desistências diárias de si mesma. Tudo isso forma um padrão tão repetido que poderia ser um manual. Só mudam o nome dos personagens e o contexto. A estrutura é a mesma. E o desfecho só se transforma quando a mulher entende que a única forma de vencer esse jogo é sair dele.

Porque quem exige que você se apague para caber em uma relação nunca vai enxergar sua presença de verdade. Reduzir os próprios sentimentos não é maturidade. É anulação. A cada silêncio, a cada concessão feita sem vontade, levanta-se um muro invisível entre uma mulher e sua própria vida. A intimidade se esvazia porque não há mais troca genuína, apenas um jogo de equilíbrios frágeis. A frustração se acumula, sufocada pelo esforço de parecer compreensiva, maleável, fácil de lidar. Sustentar essa dinâmica desgasta. O corpo sente. A mente cede. O peso de nunca ser demais, de nunca pedir muito, de nunca ocupar espaço, nos corrói por dentro.

A cultura da espera nos ensina que o amor precisa ser provado. Que quem persiste será recompensada. Que suportar é o caminho para conquistar. E quando essa espera se torna insuportável, nos vendem o amor-próprio como solução. Mas não qualquer amor-próprio. Um amor-próprio condicionado, adestrado, que opera dentro da mesma lógica de desempenho que nos levou à exaustão.

A violência emocional não está apenas nos gritos ou nos longos períodos de silêncio, mas no jogo psicológico que transforma quem sofre em restauradora de alguém que nunca teve a intenção de mudar. Ele não precisa melhorar, apenas convencer de que precisa de mais tempo. Sempre há um novo obstáculo, uma nova promessa, um novo motivo para justificar o que machuca.

Durante anos, repeti para mim mesma que só tinha que tentar mais um pouco, que, se eu amasse da forma certa, tudo poderia ser diferente. Mas o problema nunca foi a falta de amor — foi a estrutura que me mantinha ali. A promessa mudou de roupa, mas segue a mesma: se nos esforçarmos o suficiente, se formos equilibradas, produtivas, emocionalmente maduras, autossuficientes, então seremos amadas. O amor-próprio virou mais uma tarefa. Uma métrica. Um projeto. Como se nossa dignidade ainda estivesse atrelada à validação de terceiros, mas agora camuflada de autocuidado e desenvolvimento pessoal.

Às vezes, a ausência de si mesma se disfarça de compreensão infinita. Outras, de resiliência. Está na tentativa desesperada de se conectar, no esforço de evitar o abandono, na adaptação automática ao que o outro deseja. O apagamento se torna um hábito, uma resposta involuntária ao medo de não ser suficiente. A mulher que aguenta tudo um dia percebe que já não sabe mais o que quer.

Quem precisa ser perfeita para ser amada nunca se sente amada de verdade — no máximo, tolerada. E quando você entrega tudo, o outro entende que não precisa dar nada. Não é amor. É autoabandono mascarado de afeto. Foi assim que virei a mulher perfeita: aquela que se dissolve para evitar conflitos, que sacrifica o próprio bem-estar em nome de uma promessa que nunca se cumpre. Perfeita porque aguenta.

Olhar para si não é indulgência. É sobrevivência. Enquanto sua existência estiver reduzida ao que o outro pode oferecer, qualquer relação será apenas uma nova forma de exílio.

O problema desse discurso é que ele nos mantém presas à lógica da meritocracia emocional. O amor-próprio adestrado não é libertação, é performance. Ele transforma a busca por dignidade em mais um teste de resistência, em que a premiação final continua sendo a aceitação de alguém. Se ainda não nos sentimos plenas, é porque precisamos tentar mais. Meditar mais. Ler mais. Nos aperfeiçoar. O velho jogo do esforço, travestido de empoderamento.

Mas esse amor nunca chega. Porque, enquanto você condicionar seu valor à expectativa de ser reconhecida, vai continuar aceitando menos do que merece. O amor-próprio incondicional não tem nada a ver com essa farsa. Não é um degrau para que um dia alguém te ame de verdade. Ele não negocia, não aguarda, nem faz plantão na porta de quem nunca vai abrir. Ele é a recusa em continuar aguardando por algo que nunca virá.

As mulheres que passam por isso não são fracas — são treinadas para suportar. Mariana Goldfarb falou disso, Carmen Maria Machado falou disso, Bancroft estudou isso. A sociedade nos ensina que a mulher perfeita é a que aguenta: a que não desiste fácil, a que dá mais uma chance, a que ama sem limites. Mas o que parece ser força, muitas vezes, é apenas exaustão. Se perfeição é resistência infinita, então ser imperfeita é a única saída.

Quando essa ficha cai, sobra um vazio estranho. Acostumar-se a viver para o outro significa não saber muito bem o que fazer com a própria liberdade quando ela finalmente chega. O silêncio, antes preenchido por tentativas de agradar, agora é ensurdecedor. Surge uma fase de luto — pelo tempo perdido, pelas versões de mim que nunca tiveram espaço para existir, pela raiva escondida sob tantos sorrisos ensaiados. Mas, depois do luto, algo novo acontece. Não tem nome exato, mas é algo que se aproxima da possibilidade de me pertencer. Ser inteira é muito mais interessante do que ser perfeita.

Romper com esse ciclo não é uma epifania leve e inspiradora. É um ato de insubordinação. Significa abandonar o amor-próprio que exige esforço, que se mede em produtividade e que se vende como uma promessa de redenção. Significa aceitar a própria humanidade sem precisar provar nada. Sem precisar parecer digna. Sem precisar performar perfeição. O verdadeiro amor-próprio não está na tentativa de ser mais fácil de amar. Ele está na recusa de ser moldada para caber.

Eu sou perfeita porque nós sempre vamos ao restaurante que você quer? Sou perfeita porque não te cobro para ajudar em casa? Porque pago suas dívidas? Porque apenas choro enquanto você grita comigo? Eu sou perfeita porque aguento tudo?

Foi nesse instante, com ele ali, me olhando como se eu fosse um feito seu, que entendi o truque. O truque da mulher perfeita não é sobre ser boa, amável, gentil. É sobre ser conveniente. Sobre saber sofrer sem incomodar. Sobre esticar os limites do próprio corpo até que não reste nada além da forma exata do que ele quer. Ser perfeita para ele significava ser imperceptível para mim mesma. Um corpo que não incomoda, um rosto que não contraria, um desejo que nunca transborda.

Olhei em silêncio enquanto ele tentava achar respostas para as perguntas que eu finalmente tive coragem de fazer. E, pela primeira vez, suportei o desconforto de não aliviar a situação. Percebi o quanto eu preenchia seu tratamento de silêncio em busca de trazê-lo de volta para mim. Foi ali que entendi: não era minha responsabilidade fazê-lo se sentir menos pior pelo que fez comigo.

O verdadeiro amor não exige provas, nem precisa ser decifrado. Ele se revela nos gestos que não pedem reconhecimento, na tranquilidade de estar, e não na angústia de esperar. Reside na presença que acolhe, não na ausência que castiga. Se perfeição é silêncio, aceitação, paciência, resiliência até o último resquício de si mesma, então eu nunca mais quero ser perfeita.

O amor que herdamos

Segurar uma xícara rachada exige atenção constante. Você a apoia com cuidado, já prevendo onde ela pode vazar ou te ferir. É um esforço discreto, quase instintivo, como quem anda sempre na ponta dos pés. A psicóloga Luisa Stegner usa essa imagem para explicar por que insistimos em relações que nos machucam: não pelo bem que fazem, mas pela familiaridade que trazem. Uma xícara nova, intacta, deveria ser mais fácil de usar, mas a ausência de rachaduras desorienta. O peso é diferente, a pegada é estranha, o primeiro gole tem um gosto inesperado. O cérebro não deseja o que faz bem, mas o que lhe é familiar.

Foi em um quarto de hotel em Atins, com a pele ainda molhada do glorioso banho após horas de estrada, que olhei para ele e entendi: não havia pegadinha, nem truque. O golpe nunca esteve ali — estava na espera ansiosa por ele, na certeza de que o amor trazia sempre um truque escondido. Como em uma revelação que esperamos que venha com trilha sonora de fundo, percebi com toda a paz que invadia aquela cama que, até ali, eu havia aprendido a amar como quem espera uma bomba explodir.

Quando encontrei um amor tranquilo, minha mente não descansou. Ela estranhou. Talvez, para mim, o amor nunca tenha sido um espaço seguro, mas um constante estado de alerta — uma luta pelo afeto que deveria ser dado, mas sempre parecia uma conquista exaustiva. Eu não sabia existir fora da tensão, fora do jogo de decifrar silêncios, de esperar respostas que nunca vinham no tempo certo. Amar era sinônimo de inquietação, e a tranquilidade parecia sinônimo de desinteresse. Só ali entendi: eu não precisava mais provar meu valor pelo cansaço. O amor que se constrói sem muros e sem batalhas não é menos intenso, é apenas menos cruel.

Quando nos relacionamos, não levamos apenas o que somos hoje, mas tudo o que aprendemos sobre o amor antes mesmo de compreendê-lo. O que vimos em casa, as histórias que testemunhamos, as crenças que absorvemos sem perceber. Nem sempre o aprendizado é óbvio. Algumas famílias expressam o amor em palavras; outras, em atos de cuidado — ou na falta deles.

O adulto que sabe escutar ensina que a vulnerabilidade é um lugar seguro. Aquele que exige excelência para oferecer afeto cria a impressão de que o amor está sempre sujeito a testes. Crescer nesse ambiente faz com que, muitas vezes, a dificuldade de conquistar o outro pareça uma prova do próprio valor. Até que se entende que essa lógica vem de longe, de um tempo em que a atenção parecia depender da perfeição.

Se o amor e a insegurança estiveram entrelaçados desde cedo, a busca pelo afeto tende a carregar um esforço implícito. Alguém que cresceu em um ambiente onde só era amado por ser obediente pode, na vida adulta, evitar conflitos a qualquer custo. Uma pessoa que viu os pais oscilarem entre brigas e reconciliações intensas pode confundir paz com desinteresse, acreditando que o amor sem turbulência é morno demais.

As crenças aprendidas cedo influenciam até a forma como se enxerga o próprio papel dentro de uma relação. Para quem cresceu vendo o amor como sacrifício, pedir qualquer coisa parece um peso. Se o afeto sempre foi condicionado ao desempenho, falhar se torna um risco. A ideia de que o amor é algo a ser provado, conquistado ou defendido para ser mantido se infiltra na forma como nos relacionamos, moldando nossas expectativas e nossos limites.

Cresci ouvindo que era uma manteiga derretida. Meu choro era minimizado, minha sensibilidade era ridicularizada. Em vez de confiar no que sentia, aprendi a duvidar: "Será que estou exagerando? Não seria melhor engolir?" Me ensinaram a questionar minha dor até que ela parecesse irrelevante. Quando crescemos assim, fica fácil aceitar relações em que nossos sentimentos são constantemente invalidados. Afinal, talvez eu estivesse dramatizando. Talvez precisasse ser mais paciente. Talvez o amor fosse isso.

O que se aprende sobre o amor na infância não se limita às relações familiares — isso se torna um modelo, uma bússola emocional que define o que parece seguro. A Teoria do Apego, desenvolvida pelo psicólogo John Bowlby e expandida por sua colega Mary Ainsworth, explica como essas dinâmicas se consolidam. Os estilos de apego são como trilhos invisíveis que guiam as escolhas afetivas. Quem cresceu com um vínculo seguro, no qual o amor não oscilava ao sabor do humor ou da performance, tende a ver a intimidade como um espaço de refúgio. Mas, para quem experimentou um afeto instável, amor e ansiedade podem acabar se tornando sinônimos.

Os estilos de apego são como estratégias emocionais inconscientes. Alguns desenvolvem uma hipervigilância, atentos a qualquer sinal de afastamento, como se amar significasse estar sempre à beira de um precipício. Outros aprendem a manter distância para evitar a dor da rejeição, como se a melhor maneira de não perder alguém fosse nunca se envolver por completo. E há aqueles que oscilam entre os dois extremos, desejando amor e, ao mesmo tempo, temendo suas consequências.

Eu mesma já enxerguei o amor como um campo minado, onde cada silêncio carregava um significado oculto e cada resposta tardia parecia um prenúncio de abandono. Pequenos gestos tinham um peso enorme. Se alguém demorava a responder, a inquietação tomava conta. Se o tom de voz mudava, mesmo que minimamente, meu cérebro já interpretava aquilo como um afastamento iminente. Eu me antecipava a rejeições que, muitas vezes, nem existiam. Em discussões, sentia a necessidade de resolver tudo na mesma hora, porque o silêncio era insuportável. Pausas pareciam o presságio de um adeus, e cada interação se tornava um terreno instável de suposições. A sensação era de estar sempre no limite, me equilibrando entre agradar, provar meu valor e evitar qualquer sinal de desinteresse.

Essa dinâmica exaustiva me levou a me moldar ao que eu imaginava que o outro queria. Relacionamentos não eram espaços onde eu podia simplesmente ser, mas performances nas quais eu tentava não incomodar, não exigir demais, não dar nenhum motivo para ser deixada para trás. Se alguém se afastava, a culpa sempre recaía sobre mim. O peso do afeto parecia uma dívida, algo que eu precisava pagar com esforço e perfeição. Estar disponível demais era uma armadilha, mas me distanciar era impensável. Meu cérebro, treinado para responder ao caos, se recusava a confiar na calma. Não era só psicológico — era químico. A biologia do apego explica por que parece tão difícil escapar dessa emboscada.

Quando você se acostuma a calcular cada palavra, ajustar o tom de voz e evitar expressões intensas de alegria ou raiva, não está apenas tentando ser uma mulher "adequada" — está tentando não ser punida. A chamada perfeição feminina, na maioria das vezes, é menos sobre ser amável e mais sobre evitar represálias. Em muitas relações, esse processo acontece de forma tão sutil que passa despercebido, até que, um dia, a mulher que ria alto agora se dá por satisfeita apenas por poder existir sem medo. O controle nem sempre se impõe de maneira explícita; basta que a dúvida se instale dentro de nós, tornando cada escolha uma negociação.

No início, parece um ajuste inofensivo: um pedido para ser "mais compreensiva", uma sugestão para "não se estressar com bobagens", um conselho sobre como uma mulher "segura de si" deveria se comportar. Aos poucos, ela para de dizer certas coisas, de usar certas roupas, de expressar certas emoções. E o pior: começa a acreditar que essa transformação foi uma escolha sua. Bancroft descreve isso como a forma mais eficaz de dominação: quando a vítima assume a responsabilidade pelo próprio apagamento, convencida de que está apenas melhorando, apenas amadurecendo, apenas aprendendo a amar da maneira certa.

Negociar o medo é exaustivo. Pior: vicia. A psicóloga e pesquisadora Ediane Ribeiro, que estuda a repetição de padrões traumáticos nas relações, explica que o cérebro interpreta a ausência de adrenalina como ausência de conexão. O amor que depende de picos emocionais não é profundo — é apenas viciante. Se antes eu fazia de tudo para manter alguém por perto, passei a acreditar que o melhor era nunca deixar ninguém chegar tão perto assim.

Foi desse jeito que cheguei àquela viagem para Atins, convencida de que, se não me apegasse a ninguém, estaria a salvo. Acreditei que poderia me proteger da dor emocional mantendo distância. Mas ao me deparar com um amor tranquilo, sem armadilhas ou joguinhos, a lógica que sustentava essa defesa começou a ruir.

A paz que ele oferecia parecia suspeita. Meu cérebro, condicionado ao caos, se perguntava onde estava o truque. Eu não sabia existir fora da tensão, fora do jogo de decifrar silêncios e esperar respostas que nunca vinham no tempo certo. Foi só ali que percebi: amar não precisava ser uma batalha. O amor que se constrói sem muros e sem conflitos não é menos intenso — é apenas menos cruel.

Se há quem fuja da intimidade e quem a agarre com força demais, há também aqueles que não sabem a qual desses lugares pertencem. O apego desorganizado, diferente dos outros, não segue uma única estratégia: ele oscila entre a necessidade de proximidade e o medo de ser engolido por ela. A infância de quem desenvolve esse padrão costuma ser marcada por um afeto ambivalente — ora acolhedor, ora assustador, criando um modelo de intimidade carregado de medo.

Isso significa que, muitas vezes, há um desejo intenso por proximidade, mas, no momento em que essa proximidade acontece, um medo avassalador toma conta. É alguém que quer se abrir, mas recua no instante seguinte. Que idealiza o amor, mas se sente ameaçado quando realmente o encontra. Em um momento, age como quem não precisa de ninguém, no outro, sente um pânico absoluto diante da possibilidade de abandono. Relacionamentos se tornam um ciclo de magnetismo e retração, como alguém que tenta entrar no mar, mas foge a cada onda que se aproxima.

Nenhuma dessas reações acontece por acaso. O amor que aprendemos a desejar não se limita às nossas histórias — ele também está inscrito na química do nosso cérebro. Quando os primeiros vínculos afetivos são marcados por instabilidade, nosso sistema nervoso se molda a esse padrão. O corpo se adapta à incerteza, aprendendo que o amor precisa ser conquistado a cada instante. O problema é que esse aprendizado não desaparece quando crescemos. Ele se torna um reflexo, algo que acontece antes mesmo de termos consciência.

A oxitocina, conhecida como o "hormônio do aconchego", é um dos principais responsáveis pelas armadilhas do apego. Produzida em momentos de intimidade — no orgasmo, no abraço, no toque casual —, ela reforça a sensação de proximidade e cria laços emocionais. Mas o cérebro não distingue entre um vínculo seguro e um apego destrutivo. Quanto mais escasso for o afeto fora do relacionamento, mais forte se torna essa dependência química. A ausência transforma a necessidade em vício, e a volta do outro funciona como uma dose de alívio, perpetuando um ciclo de reforço intermitente.

Esse mecanismo explica por que a intermitência do afeto pode ser tão viciante. A oscilação entre afastamento e reencontro ativa as mesmas áreas do cérebro associadas ao estresse e à recompensa. Sempre que recebemos atenção depois de um período de silêncio, a dopamina é liberada, reforçando a ilusão de que o sofrimento é uma prova de amor. A ausência prolongada se torna um estímulo tão potente quanto a presença momentânea, e a espera passa a ser parte essencial da relação. O desejo deixa de ser espontâneo e se torna condicionado: quanto mais difícil for receber o amor, mais intenso ele parecerá.

A biologia do apego nos aprisiona nesses ciclos, mas também nos oferece uma explicação clara sobre por que eles parecem tão difíceis de romper. O cérebro humano é eficiente e busca padrões familiares, porque lidar com o conhecido exige menos energia. Se crescemos associando amor a tensão, aprendemos a identificar instabilidade como intensidade. Quando encontramos um relacionamento estável, nossa mente não descansa. Ela estranha. A previsibilidade do afeto, antes interpretada como tédio, se transforma em um enigma: por que não há picos e quedas? Por que não há medo? A tranquilidade parece desconfortável, como se houvesse algo de errado em um amor que não exige luta.

Essas respostas automáticas são governadas pela amígdala, a região do cérebro responsável por detectar ameaças. Quando crescemos em ambientes instáveis, a amígdala se torna hipersensível ao abandono, disparando alarmes sempre que a relação parece estar em risco. O hipocampo, responsável por regular essas respostas com base em experiências passadas, reforça esse padrão, porque reconhece a oscilação como algo já vivido. O resultado é um sistema de alerta que permanece sempre ativado, interpretando a calma como suspeita e o caos como normalidade.

Mas a neurociência também oferece um caminho para sair desse ciclo. A neuroplasticidade — a capacidade do cérebro de se reorganizar e criar novas conexões — prova que estilos de apego não são sentenças definitivas, mas sim estratégias emocionais que podem ser desaprendidas. Relações seguras funcionam como um processo de reprogramação: aos poucos, o sistema nervoso aprende a relaxar na presença de um afeto constante, sem que isso pareça monótono ou ameaçador. A estabilidade, antes desconcertante, passa a ser reconhecida como um espaço legítimo de descanso.

Romper com padrões emocionais enraizados exige mais do que reconhecer o problema. Exige atravessar o desconforto de escolher algo diferente. É fácil teorizar sobre relacionamentos saudáveis, mas, quando a oportunidade real surge, o instinto de recuo pode ser avassalador. O cérebro, treinado para responder à instabilidade, estranha a previsibilidade. O afeto constante, que deveria ser tranquilizador, se transforma em um enigma. O que falta? Onde está a tensão?

Quando chega a parte que dói? Esse estranhamento não é sinal de que a relação não funciona, mas sim do esforço necessário para reprogramar respostas automáticas.

Porque, na verdade, é disso que se trata: reprogramação. Escutamos sobre quebrar padrões como se fosse só uma questão de decisão racional, mas o fato é que a bagunça começa muito antes da escolha consciente. O corpo já aprendeu que o amor dói. Já assimilou que estar apaixonada é sinônimo de estar em estado de alerta. Então, quando o amor não machuca, o corpo não entende. Como um animal acostumado ao cativeiro, que hesita ao dar os primeiros passos na liberdade.

A psicanalista norte-americana Jessica Benjamin, autora de *The Bonds of Love: Psychoanalysis, Feminism, and the Problem of Domincation* [Os laços do amor: psicanálise, feminismo e o problema da dominação], chama isso de "tensão entre afirmação e reconhecimento". Para Benjamin, o verdadeiro vínculo acontece quando duas pessoas conseguem existir de forma plena, sem precisar se reduzir ou se esconder. Quem cresceu entre ausências e silêncios aprende que o amor precisa ser testado o tempo todo. Amar se torna um jogo de sobrevivência emocional, não um espaço de descanso. Ama-se na defensiva, sempre com um olho na saída de emergência.

O primeiro passo para quebrar esse ciclo é reconhecer que a dificuldade em aceitar afeto constante não é uma falha de caráter. É uma defesa aprendida. Como escreve Natalie Lue, autora do blog *Baggage Reclaim*, "eu buscava homens como meu pai, não por escolha consciente, mas porque estava tentando corrigir o que ficou pendente". O desejo de ser escolhida por alguém emocionalmente inacessível costuma ser uma tentativa inconsciente de corrigir o passado. A esperança secreta é que, se conseguirmos transformar alguém frio em uma pessoa amorosa, talvez finalmente possamos nos sentir dignas. Mas o passado não se resolve ao ser repetido — apenas na transformação.

No já mencionado *Homens que odeiam suas mulheres & as mulheres que os amam*, Forward explica que as mulheres aprendem a medir seu valor pelo quanto suportam, não pelo que desejam. Crescemos ouvindo que o amor verdadeiro exige paciência, resiliência, entrega. Quando o roteiro da resistência vira identidade, abandonar um amor difícil pode parecer um fracasso. Mas não há prêmio no fim dessa maratona emocional.

A crença de que precisamos merecer o amor é tão entranhada que até as relações mais saudáveis passam por esse filtro. Marianne Williamson, autora de *Um retorno ao amor*, sugere que a maior barreira para aceitar um amor genuíno não é a falta de oportunidades, mas a certeza secreta de que não o merecemos. Quem cresceu associando afeto à necessidade de provar seu valor pode sentir que um amor que chega sem luta parece artificial. A frase "parece bom demais para ser verdade" se repete, mas só porque o corpo não aprendeu a chamar isso de casa.

A neuroplasticidade confirma que o sistema nervoso não está condenado a repetir padrões para sempre. Relações seguras e terapias baseadas em apego podem reprogramar a forma como reagimos à intimidade. O aprendizado de que segurança não é tédio, e de que a ausência de caos não significa ausência de amor, exige exposição gradual a novas formas de afeto. No início, pode parecer estranho, até incômodo. Com o tempo, o cérebro aprende a reconhecer a calma como algo bom, e não como uma ameaça invisível.

A psicóloga Vanessa Pérola fala sobre como estratégias de sobrevivência podem acabar reforçando o ciclo de solidão.[9] A pessoa que cresceu se sentindo insuficiente oscila entre o medo de ser vista por completo e a necessidade de provar seu valor. O amor, então, se torna uma performance: agradar para garantir que o outro fique. Mas um relacionamento que depende dessa lógica nunca será seguro. Quando o amor verdadeiro chega — o amor que não exige esforço, que não cobra provas, que só *é* —, ele vem com um convite silencioso: o de abandonar o palco e simplesmente existir.

Em um mundo justo, amadurecer significaria desaprender tudo o que nos ensinaram sobre o amor e recomeçar do zero. Mas não é assim que funciona. Quem cresceu no meio do caos raramente se sente atraído pela calmaria. O familiar nos conforta, mesmo quando o familiar é disfuncional. O corpo aprende a reconhecer a adrenalina da incerteza como prova de paixão. A estabilidade parece desinteressante.

Na minha pesquisa sobre como tomar decisões difíceis, deparei-me com um vídeo da *School of Life* que levantava uma questão perturbadora: "O que foi necessário, na infância, para obter o apoio e o amor dos meus pais?" Uma pergunta aparentemente simples, mas que revela a complexidade das bases emocionais sobre as quais construímos nossa identidade. A ilusão de autonomia nas escolhas adultas muitas vezes esconde a influência profunda dessas primeiras experiências afetivas.

Freud diz que todo encontro é um reencontro. Cada decisão tomada, cada relação que construímos, carrega os traços das relações primárias que nos moldaram. Não se trata de escolhas conscientes, mas de reflexos condicionados. O que identificamos como amor pode, na verdade, ser um padrão de dependência emocional, um acordo silencioso que coloca as necessidades do outro sempre acima das nossas. O familiar, mesmo que doloroso, parece menos ameaçador do que aquilo que desconhecemos.

Elisama utiliza uma metáfora precisa para descrever essa situação: a "merda quentinha". O ambiente pode ser tóxico, mas sua previsibilidade oferece uma falsa sensação de segurança. O medo do desconhecido nos paralisa, pois é visto como um risco. No entanto, o medo não deveria ser encarado como um obstáculo, mas como um indicador importante: ele revela nossas fragilidades, os pontos que evitamos enfrentar. O que nos assusta nem sempre destrói — muitas vezes, transforma.

A questão central permanece: até quando perpetuaremos uma noção distorcida de segurança? A normalidade é um conceito maleável, definido pelas circunstâncias em que crescemos. Para quem se habituou a uma atmosfera carregada de tensão e imprevisibilidade, a tranquilidade pode parecer um vazio insuportável. Como observa Elisama, "a serenidade era completamente alheia ao que eu chamava de normal". O caos, internalizado desde cedo, torna-se uma referência de pertencimento, enquanto a paz, em contraste, passa a parecer um deslocamento.

Mesmo quando identificamos padrões nocivos, há uma tendência inquietante de repeti-los. Personagens mudam, mas o enredo permanece intacto. A compulsão pela repetição não é um castigo arbitrário; é um convite à consciência. Cada ciclo reiterado carrega a possibilidade de rompimento. A vida insiste na mesma narrativa até que estejamos prontos para reescrevê-la.

Romper com esse automatismo exige mais do que vontade. Implica um mergulho na própria psique, um esforço deliberado de desarticular crenças enraizadas. "O espontâneo está preso ao inconsciente", ressalta Elisama. Aquilo que julgamos natural em nossa conduta pode ser apenas a reprodução de modelos assimilados sem questionamento. A verdadeira mudança não reside em um ato impulsivo, mas no processo árduo de tornar o inconsciente consciente.

Esse percurso é longo e desconfortável, mas inevitável para quem deseja assumir o protagonismo da própria vida. Trata-se de uma responsabilidade intransferível: abandonar os ecos de um passado que já não nos serve e reconstruir, com lucidez, uma nova narrativa de afeto e pertencimento.

Por outro lado, bell hooks nos convida a aprofundar essa compreensão de maneira mais crítica. Em *Tudo sobre o amor*, ela desmistifica a ideia de que o amor é simples ou unilateral, defendendo que o amar de verdade exige enfrentamento e acolhimento da ambivalência, sem permitir que o ressentimento ou as frustrações enfraqueçam o laço afetivo. Para ela, um vínculo afetivo não pode ser enfraquecido pelo ressentimento ou pelas frustrações, e o amor saudável deve estar livre de dominação. Muitas vezes, o amor que conhecemos na infância — misturado com abuso, controle e punição — distorce nossa percepção do que significa, de fato, amar.

Por outro lado, é preciso lembrar que, como diz Ediane Ribeiro, "os relacionamentos, principalmente no início, frequentemente são uma reencenação traumática". Não escolhemos conscientemente reencenar nossos traumas, mas nossas partes feridas se reconhecem mutuamente. Ediane aponta algo profundo e perturbador: a aparente química inicial, muitas vezes romantizada como paixão, pode ser apenas um encontro de dores antigas. É como se as nossas vulnerabilidades se cumprimentassem antes de nós mesmas e, nesse primeiro toque silencioso, estabelecessem uma dança delicada e perigosa entre proteção e sofrimento.

Isso acontece porque, nas palavras de Ediane, quando nosso aprendizado emocional associa conforto a dor, podemos nos tornar adultos que têm dificuldades de distinguir segurança de ameaça. Não porque nos sabotamos propositalmente, mas porque, em algum momento, a violência se confundiu com afeto. Nesses casos, tanto quem permanece em relações abusivas quanto quem foge da intimidade não age por falta de vontade, mas por medo de reviver aquilo que já foi dolorosamente vivido. Ou seja, nossas partes temerosas não tentam nos prejudicar; pelo contrário, elas estão tentando desesperadamente nos proteger.

Ao reconhecer essa dinâmica, Ediane enfatiza que não há condenação, apenas compaixão pelo sofrimento humano: "Não existe uma parte nossa que tenha a intenção de nos prejudicar; existe uma parte nossa que sentiu medo, e aquilo serviu para proteger em algum momento". Isso significa que o trauma é, antes de tudo, uma ferida emocional profunda, aberta, esperando ser reconhecida e acolhida. E, como toda ferida, se não for cicatrizada, qualquer toque pode voltar a machucá-la — às vezes com ainda mais intensidade.

Mas há também esperança nessa dança delicada e perigosa, segundo Ediane. O trauma guarda "o incrível e o terrível" de nós ao mesmo tempo, embora carregue o pior de nós. Sob a dor, está oculta nossa potência mais humana: o desejo genuíno de vínculo, conexão e autenticidade. Ediane defende que relacionamentos, mesmo iniciados por enlaces traumáticos, podem se tornar espaços poderosos para integrar nossas partes fragmentadas. Não se trata da ilusão de uma cura definitiva, mas de algo mais profundo e complexo: a possibilidade real e intencional de reencontrar e acolher aquilo que permanece saudável e intacto em nós, apesar de tudo.

Assim, o trauma não precisa ser o fim, nem uma sentença perpétua. Nas palavras de Ediane, "se a ferida veio da relação, é na relação que ela pode ser processada". É nesse ponto que a reencenação traumática pode dar lugar a uma transformação verdadeira, desde que estejamos dispostas a encarar nossas feridas com coragem e honestidade. Ao escolher conscientemente romper com o ciclo de sofrimento repetido, não estamos apenas abandonando o que nos machuca; estamos tomando para nós mesmas o poder de criar, finalmente, um amor que nos liberte.

Nenhuma grande transformação acontece enquanto estamos presas a uma promessa que nunca se realiza. A vida que desejamos não pode surgir da repetição dos mesmos ciclos, nem da espera paciente por mudanças que talvez nunca cheguem. Transformar é, antes de tudo, aceitar o risco de trocar o familiar pelo desconhecido. Não como um ato de desistência, mas como um gesto radical de escolha: abandonar o que nos limita para encontrar, enfim, aquilo que realmente nos liberta.

Romper padrões exige mais do que consciência — exige prática. No começo, receber amor sem desconfiança pode ser tão desconfortável quanto foi, um dia, lutar por ele. A estabilidade não ativa o sistema nervoso da mesma forma que a instabilidade, e isso pode gerar a ilusão de que a relação é menos intensa. Mas a intensidade que nasce da escassez nunca foi amor — foi sobrevivência. Escolher um amor tranquilo não significa se conformar com menos, mas se permitir ter mais.

Aceitar o amor que está disponível exige uma reprogramação emocional pesada. O caos vicia. A luta pelo afeto se torna um reflexo automático. Desaprender esse padrão não é romântico nem bonito — é um trabalho brutal. Abrir mão da tensão constante para aceitar a paz não é fraqueza. É um ato de desobediência.

Foi isso que aconteceu em Atins. Pela primeira vez, não era mais necessário escanear cada gesto à procura de um sinal oculto. O amor estava ali, nítido, sem tensão, sem código secreto. A respiração desacelerou. O medo, que sempre veio na forma de expectativa, começou a se dissolver. Pela primeira vez, fiquei.

A xícara rachada exigia um cuidado constante, uma vigilância que nunca permitia relaxamento. O amor tranquilo, como a xícara nova, pode parecer estranho no início — não porque falta algo, mas porque não há medo de que ele vá se despedaçar a qualquer momento. A alça pesa diferente na mão. O primeiro gole não tem gosto de nada. Mas o corpo aprende. Com o tempo, o peso se ajusta, o café escorre sem hesitação. A respiração desacelera. E um dia, sem aviso, você percebe que a xícara nunca esteve prestes a quebrar — era só o medo que fazia suas mãos tremerem.

Mergulho

Penso no medo de tomar a decisão final como aquele instante antes do mergulho em um dia sufocante de calor. Sei que a água gelada trará alívio, mas meu corpo hesita, apavorado pelo choque inevitável da mudança. Dizem que entrar aos poucos só prolonga o sofrimento.

Então, mergulho de uma vez.

Como tomar decisões difíceis?

Os primeiros rascunhos deste livro foram escritos durante um terremoto. Não um terremoto que abalou prédios ou causou um tsunami do outro lado do mundo, mas uma onda gigante que atingiu tudo o que eu acreditava ser minha vida. As estruturas arruinadas foram as da minha própria realidade.

Não se tratava apenas do fim de um relacionamento longo — embora, claro, isso por si só já fosse devastador —, mas da intensidade com que esse término reorganizou minha visão de mundo. A dor tem dessas coisas: ela dilata o tempo. Não importa quanto durou o relacionamento, mas o quanto você se transformou nele. Boa parte do que você leu aqui surgiu em notas apressadas no meu celular, posteriormente apagadas por estarem molhadas com as lágrimas de alguém que chorava como se não houvesse amanhã.

O fundo do poço tem um trampolim; atingi-lo é saber que, de alguma forma, você vai melhorar. Quer dizer, enquanto estamos lá, a luz no fim do túnel é impossível de se enxergar. Afirmar que quando estamos na nossa pior fase é porque algo muito melhor está por vir é quase um ato de sadismo com a Marcela do passado, que só faltava riscar com giz os dias que passavam (um dia após o outro, eles disseram). Revisitar nossas dores, alguns diriam, é terapêutico. Eu digo que é uma mistura de tortura, euforia e alívio.

Se você leu *Aurora: o despertar da mulher exausta*, meu primeiro livro — agora me sinto à vontade para dizer que o escrevi como uma forma de fuga, colocando minha vida afetiva no modo avião para evitar encarar a infelicidade que me atravessava —, sabe que sempre me aprofundo (às vezes até demais) em estudos sobre o que a sociedade nos impõe como padrão. Não é simples curiosidade intelectual; é uma tentativa constante de decifrar, racionalizar e entender as estruturas que nos fazem aceitar menos do que merecemos.

Quando subi no palco do Theatro Municipal com a certeza de que tinha atravessado a pior parte, a da decisão de ir embora, eu soube que minha próxima missão de vida seria ajudar outras mulheres a darem seu mergulho. Naquela noite, eu não estava sozinha. Além das centenas de mulheres na plateia, no palco estavam comigo Elisama Santos, Lela Brandão, Nathália Oliveira e Sarah Aline, que aceitaram meu convite para conversarmos sobre como tomar decisões difíceis — essas que alteram os rumos da vida e exigem um tipo raro de coragem.[10]

Uma das primeiras provocações que fiz naquela noite foi: "Estou vivendo o que realmente desejo ou aquilo que o medo escolheu por mim?" Essa questão funcionou como um gatilho para abrirmos uma reflexão mais complexa sobre a forma como nossas escolhas são influenciadas por sonhos e receios. Muitas vezes esses sentimentos se misturam e acabam disfarçados em pequenas concessões do dia a dia, tornando-se perceptíveis apenas quando o incômodo já se instalou de forma irreversível.

Colocar essa questão na mesa é abrir espaço para um confronto direto com a vida que levamos, avaliando se estamos construindo nossa própria história ou apenas reproduzindo narrativas prontas por receio do que pode vir depois. Assumir que as escolhas feitas até aqui nem sempre são fruto do nosso real desejo é reconhecer verdades difíceis, que muitas vezes contrariam o que fomos ensinadas a aceitar como felicidade suficiente.

Encarar esse dilema exige disposição para ir além das respostas confortáveis, das justificativas que o cérebro já se acostumou a oferecer como forma de proteção contra o desconhecido. O que parece ser segurança pode facilmente se revelar acomodação, e aquilo que confundimos com estabilidade talvez não seja nada além de um hábito conveniente.

Entender isso é crucial para perceber que existe um limite tênue, porém significativo, entre apenas suportar a vida e, de fato, se sentir plenamente viva.

Muitas de nós crescemos ouvindo que é normal aceitar relacionamentos mornos ou empregos medianos porque deveríamos agradecer pelo que já conquistamos. Essas crenças sociais são reforçadas por frases aparentemente inofensivas como "casamento é assim mesmo, pelo menos ele te ajuda em casa". São versões externas daquilo que nosso cérebro já faz naturalmente para evitar mudanças e desconfortos. O novo assusta justamente porque não temos controle sobre ele, e assim ficamos presas ao que já é conhecido, mesmo que não seja aquilo que verdadeiramente queremos viver.

O medo do julgamento externo talvez seja um dos pensamentos mais paralisantes e avassaladores que enfrentamos quando tomamos decisões difíceis. Desde pequenas somos treinadas a ouvir vozes externas que avaliam nossas escolhas, comportamentos e desejos, colocando-nos frequentemente em uma posição de vulnerabilidade. Nesse contexto, a busca constante por aprovação acaba funcionando como uma espécie de filtro que pode distorcer ou até sufocar nossa própria voz.

Me lembro claramente do dia em que gravei o episódio com a psicóloga Catharine Rosas.[11] Eu estava na casa da minha mãe, exatamente 24 horas depois de ter saído da minha própria casa e 24 horas antes de ouvir que eu era "perfeita" — palavra que, ironicamente, jamais refletiu menos o meu estado emocional daquele momento. Apesar de Catharine não estar no palco do Theatro Municipal naquela noite, as reflexões que ela trouxe naquele episódio foram fundamentais para enriquecer a conversa que tivemos posteriormente no evento.

Não me orgulho em admitir, mas já pensei mais de uma vez que teria sido mais fácil sair se tivesse uma justificativa óbvia, como uma traição explícita ou uma agressão física. Parece absurdo, mas existe quase um conforto perverso em poder mostrar claramente o dano sofrido, como se precisássemos provar ao mundo nosso sofrimento para ter o direito de partir. Fomos ensinadas a acreditar que a dor só é legítima quando é tangível, explicável e facilmente compreendida por quem está de fora.

SINTOMAS DE ANSIEDADE

Quando decidi me separar, vivi exatamente essa situação. Confessei minha decisão ainda incerta para uma amiga próxima, que imediatamente projetou em mim suas próprias feridas, alertando sobre a solidão como se fosse inevitável que eu sentisse o mesmo que ela. Ali percebi claramente que seu conselho não tinha relação alguma com o que eu estava vivendo. Cada conselho que recebemos vem carregado das experiências e dos medos de quem o oferece, e talvez o maior desafio seja justamente escutar sem deixar que essas vozes externas se sobreponham à nossa verdade.

A questão não é ignorar opiniões diferentes, mas lembrar que cada recomendação vem repleta das experiências, expectativas e medos de quem a emite. Ter clareza sobre o que desejamos facilita escutar essas vozes externas sem deixar que elas definam nosso valor ou determinem a rota a seguir. O maior perigo talvez seja justamente esquecer que essas opiniões, por mais bem-intencionadas que sejam, partem sempre de perspectivas limitadas. Não têm a capacidade de abarcar a complexidade do nosso desejo, das nossas dúvidas, muito menos da nossa necessidade real.

Mas é claro que a dificuldade de decidir não vem apenas das vozes externas. As piores mentiras são aquelas que contamos a nós mesmas, e isso nem chega a ser novidade. Mais delicadas ainda são as que inventamos para os outros, porque, com o tempo, fica quase impossível desmontar esse teatro sem causar estrago. Mentimos pela pressão de não desapontar, pelo medo de sermos vistas como uma fraude ou porque acreditamos, desde cedo, que devemos algo ao mundo. Passei tempo demais presa nessa dívida imaginária, até entender que o mundo era bem menor e cabia em umas quatro vozes insistentes que habitavam minha cabeça.

Essas vozes têm nomes, rostos familiares, expectativas claras, mas não representam o mundo inteiro. Quem realmente torce por nós não nos cobra coerência com um papel que já não nos serve, nem nos condena por querer uma vida mais verdadeira. Entendi, com o tempo, que a única aprovação genuína de que precisamos é a interna, porque sem a certeza do que desejamos, ficamos vulneráveis demais ao julgamento dos outros.

Elisama trouxe uma frase que resumiu tudo isso em uma declaração brutal: "Não me matriculei num workshop de sofrimento. Quero viver. Quero prazer". Afinal, quem decidiu que a dor precisa ser a única via possível para o aprendizado? Essa ideia é especialmente perversa com as mulheres, que aprendem desde cedo a confundir resistência com força, como se suportar o insuportável fosse uma virtude admirável. Nossas mães e avós resistiram, e nós continuamos resistindo a situações que não deveriam sequer exigir coragem.

Claro que a dor pode ensinar; ninguém questiona isso. Mas aceitá-la como única linguagem da transformação limita perigosamente nossa experiência emocional. Não deveríamos precisar chegar ao colapso absoluto para reconhecer que algo precisa mudar. Talvez a verdadeira coragem esteja justamente em perceber a necessidade de mudança bem antes do limite, escolhendo o prazer e o desejo como bússolas mais confiáveis que o sofrimento.

Reconhecer esse ponto é o grande desafio, porque algumas coisas simplesmente não mudam, não importam quantas camadas doces ou aparentemente agradáveis você coloque por cima. Certas verdades permanecem amargas, e a coragem real talvez seja abandonar o papel antes do aplauso acabar. Durante muito tempo menti para mim mesma e para o mundo tentando preservar uma coerência artificial. Foi só quando enfim me permiti escutar claramente a música que tocava dentro de mim que consegui escrever um roteiro mais honesto, muito mais meu.

Entre reconhecer o momento exato de abandonar o papel e decidir que não é preciso chegar ao limite existe uma fronteira sutil, quase imperceptível. É nesse espaço estreito — entre a clareza e o colapso — que começamos a entender que talvez a maior força não esteja na capacidade infinita de suportar, mas em perceber que certas situações não merecem tanto esforço assim. E foi justamente aí, nessa delicada zona cinzenta, que uma frase caiu no meu colo e reorganizou meu raciocínio de forma definitiva.

Lela Brandão trouxe uma lógica desarmante em sua simplicidade, que logo adotei como um mantra pessoal: "Eu sei que você aguenta, mas não aguente". Resistir ou suportar situações difíceis não necessariamente significa coragem; na verdade, pode representar o exato oposto. A coragem talvez esteja em reconhecer nossos limites muito antes de chegarmos ao colapso. Enxergar isso não é fraqueza, mas um exercício sofisticado de discernimento, especialmente em uma cultura que nos ensinou que força é suportar até onde der.

A necessidade constante de agradar ou fazer sentido para os outros pode facilmente nos prender em escolhas que não têm mais nada a ver conosco, sobretudo porque fomos ensinadas desde cedo que a aprovação externa é o termômetro mais confiável para nossas decisões. Catharine, entretanto, sugere exatamente o inverso: que só é possível encontrar validação genuína no mundo externo quando já estamos seguras daquilo que desejamos. É apenas a partir dessa clareza interna que as dúvidas ou negativas alheias deixam de ser sentenças absolutas sobre quem somos ou quem podemos ser.

Essa inversão de perspectiva é fácil de entender intelectualmente, mas difícil de colocar em prática. Muitas vezes nos pegamos duvidando das próprias certezas, porque a voz dos outros parece ter mais peso ou autoridade.

Portanto, o grande desafio vai além de simplesmente tolerar opiniões contrárias ou julgamentos externos; ele reside na capacidade de confiar profundamente na nossa própria voz, ainda mais quando optamos por caminhos menos convencionais. É preciso aceitar com coragem que muitas vezes seremos incompreendidas e que nossas decisões serão questionadas justamente por estarem desalinhadas com aquilo que os outros esperam ou desejam de nós.

E é nesse ponto que o medo entra em cena, disfarçado de cautela ou bom senso, tentando nos convencer a permanecer em lugares confortáveis, mesmo que infelizes.

Compreendi, aos poucos, que o compromisso comigo mesma era a única métrica de fato confiável. Avaliar e reavaliar constantemente o que considero essencial tem sido a chave para não permanecer presa a versões ultrapassadas de quem sou ou do que quero viver. O que hoje é tolerável pode rapidamente se tornar intolerável amanhã. Não preciso mais esperar que o desconforto chegue a níveis extremos para reconhecê-lo como válido. Esgotamento jamais deveria ser o único sinal verde para mudanças necessárias.

Essa percepção, no entanto, não vem sem dúvidas. Questionar nossas decisões anteriores pode ser doloroso, ainda mais quando elas envolvem pessoas e vidas entrelaçadas à nossa.

Eu me lembro de Mariana Goldfarb perguntando durante uma conversa: "Como dizer não para alguém que todos ao redor dizem ser um sonho?" Essa questão ecoa profundamente porque mostra como diversas vezes esperamos chegar ao limite antes de admitir que é hora de sair. Por muito tempo, justifiquei minha permanência num relacionamento pela complexidade da vida construída: havia uma casa, cachorros, amigos em comum. Tudo parecia complicado demais para desfazer — como se o peso dessas coisas fosse superior ao da minha própria infelicidade.

Mas, quando chega o momento da ruptura, surge outro medo inevitável: aceitar que seremos a vilã na narrativa do outro. Não importa o quanto a decisão seja justa, cuidadosa ou bem-intencionada, alguém pode construir uma versão em que fomos erradas, egoístas ou culpadas. Esse papel é particularmente doloroso para quem passou muito tempo presa na identidade da mulher compreensiva e agradável. Como bem colocou Catharine: "Essas vozes externas fazem com que a gente exija que nossa vida faça sentido para os outros".

Aceitar que, em algum momento, alguém vai criar uma imagem distorcida de você é desconfortável, mas muito libertador. Significa reconhecer que não controlamos a narrativa dos outros, nem suas interpretações. As pessoas nos enxergam a partir de suas próprias experiências, frustrações e inseguranças. Podemos ser vistas como responsáveis por conflitos ou rupturas simplesmente porque o outro prefere projetar a dor sobre alguém, em vez de lidar com ela diretamente.

Essa dinâmica é bastante complexa para as mulheres, socializadas desde cedo para serem agradáveis, conciliadoras, cuidadoras. Crescemos com o medo constante de desagradar, ser mal interpretadas ou rotuladas como difíceis, egoístas ou inadequadas. Assim, nos habituamos a silenciar nossas próprias vontades para preservar uma imagem que não corresponde mais à nossa realidade. O resultado é que muitas permanecem presas em relacionamentos, empregos ou contextos em que não cabem mais, apenas para evitar esse desconforto.

A vilanização acontece justamente porque nossa autonomia e nossas escolhas incomodam. Ao romper expectativas, naturalmente causamos algum desconforto. Mas não há como fugir disso: sempre seremos a antagonista em alguma história — não porque fizemos algo errado, mas porque ousamos escolher por nós mesmas, até quando isso desafia o conforto alheio. Reconhecer isso permite que deixemos de sacrificar nossa verdade pessoal em busca de uma aprovação impossível de alcançar.

Aceitar que, para alguém, inevitavelmente seremos vilãs, significa abrir mão da obrigação exaustiva de agradar. Esse é um exercício profundo de liberdade, não porque a vilania seja desejável, mas porque finalmente compreendemos que nossa vida não precisa fazer sentido aos olhos dos outros. Não há controle absoluto sobre como seremos interpretadas, e talvez a melhor saída seja simplesmente sustentar nossas escolhas com clareza, sabendo que o tempo cuida de revelar o que é verdadeiro.

E talvez seja exatamente nesse ponto — quando percebemos que estamos colocando tudo acima da nossa felicidade — que a certeza finalmente aparece.

A verdade é que nenhuma dessas circunstâncias é irreversível. Minha psicanalista me disse algo que guardo comigo até hoje: "Tudo isso se resolve". É o que repito agora para você. A casa pode ser vendida ou trocada, os cachorros vão se adaptar e os amigos que realmente importam continuarão presentes. O que não pode continuar é uma existência mantida pela simples conveniência de não incomodar ou pelo medo de encarar a solidão.

Mas, antes de tudo isso, é essencial resolver nossa relação com o medo. A coragem verdadeira não é ignorá-lo ou fingir que ele não existe, mas entender que o custo de permanecer em situações que não nos representam mais é sempre muito maior que o desconforto das mudanças inevitáveis. É dessa compreensão que nasce o impulso necessário para seguir adiante, assumindo, finalmente, o controle da nossa própria narrativa.

Foi Elisama Santos quem me explicou, com uma simplicidade desarmante, que o medo não é um inimigo; ele apenas tenta nos proteger. Entender isso mudou tudo para mim. Coragem não é ausência de medo — é decidir avançar mesmo com ele presente. É atravessar aquela sensação incômoda e reconhecer que as decisões mais difíceis com frequência são justamente aquelas que nos libertam. A angústia de abandonar o familiar, ainda que seja algo nocivo, pode ser imensa, mas o preço da permanência é muito maior. Não escolhi mudar porque o futuro estava garantido ou claro, mas porque finalmente percebi que não podia mais esperar por essa garantia.

A história que Nathália Oliveira compartilhou começou com um atraso de voo. Um imprevisto banal, mas que para ela se tornou um ponto de virada. "Eu sou muito pisciana", disse ela, rindo, como quem já fez as pazes com a bagunça inevitável. Jornalista, escritora, podcaster, ela vivia sob a ilusão de que poderia controlar tudo, encaixar cada peça no lugar certo. Naquele dia, entre reuniões, um tempo mal calculado e o caos de um temporal em Minas Gerais, a realidade se impôs. O voo foi perdido, e ela ficou ali, sozinha no aeroporto, sentindo a frustração irradiar pelos poros. "Fiquei puta comigo mesma. Se eu tivesse saído mais cedo, se tivesse reorganizado a reunião, nada disso teria acontecido." Era o velho ciclo de culpa rodando mais uma vez, tão inútil quanto familiar.

Mas no meio da raiva veio um estalo: "Não tem problema. A vida se reorganiza no movimento". Essa frase virou um mantra — um lembrete de que não precisamos seguir um roteiro meticuloso para que as coisas deem certo. A vida está constantemente se reajustando, exigindo flexibilidade. Aceitar isso é travar uma pequena guerra contra nosso instinto de controle, mas naquele dia Nathália decidiu soltar as rédeas.

Ela me contou então uma história da adolescência que ilustrava perfeitamente essa ideia. Uma amiga viveu uma paixão platônica daquelas que só a juventude é capaz de cultivar. Nunca teve coragem de confessar, até que soube que o menino se mudaria para outro país. A urgência falou mais alto: ou confessava naquele momento, ou perderia a chance pra sempre. "Sou apaixonada por você", ela enfim disse. Ele respondeu que sentia o mesmo. "Sempre que te pedia a borracha era só uma desculpa para falar com você."

Marcaram um encontro na frente da escola, num cenário adolescente entre pichações e grafites. Ela chegou cedo, ansiosa, sentindo que o futuro finalmente estava nas suas mãos. Mas o destino tinha outro ritmo: ele se atrasou, e durante a espera o nervosismo tomou conta. Num pico de insegurança, decidiu ir embora antes que ele chegasse. Convenceu-se de que não podia se apresentar daquela forma vulnerável. O desencontro foi definitivo.

O que poderia ter sido nunca garante o que realmente seria. Ainda assim, a vida continua se desdobrando, rearranjando aquilo que julgamos fracasso. "A vida se reorganiza no movimento", Nathália repetiu. E é isso mesmo: estamos sempre negociando entre aquilo que idealizamos e o que de fato acontece. Ninguém sabe o que espera do outro lado da coragem.

Passei recentemente por uma rua que, durante anos, foi meu sinal de que estava próxima de casa. Olhei para o homem sentado ao meu lado e senti vontade de me teletransportar para o corpo daquela Marcela que tantas vezes atravessou aquele caminho infeliz, ansiosa, com medo do humor que encontraria ao chegar. Queria dizer pra ela: "Vai. Vai dar certo".

Mas não posso. Não existem garantias de que o que nos aguarda depois da coragem será exatamente aquilo que sonhamos, nem mesmo que será melhor. Mas talvez isso seja menos importante do que aceitar que ninguém se cura no mesmo lugar onde foi ferida. A única certeza possível talvez seja justamente esta: seguir em frente é sempre um risco, mas permanecer onde já não se cabe mais é sempre uma perda.

Esse movimento, porém, está longe de ser simples ou isolado. Especialmente para as mulheres, encerrar um relacionamento vai além de lidar com as próprias dúvidas e incertezas — implica também enfrentar um julgamento social profundamente desigual. Para os homens, romper vínculos que não atendem mais às suas expectativas emocionais ou profissionais costuma ser visto como algo natural, até admirável;

uma demonstração prática de maturidade ou determinação pessoal. Já para nós, mulheres, essa mesma decisão com frequência é recebida com reprovação velada, vista como egoísmo ou incapacidade de valorizar aquilo que temos.

Essa discrepância de tratamento acaba internalizada desde cedo. Crescemos convencidas de que abrir mão de algo já conquistado é uma forma de fracasso, como se desejar mais fosse uma transgressão ou uma ingratidão. Somos treinadas para aceitar como suficiente aquilo que já não nos preenche, reprimindo nossas necessidades e minimizando nossos desejos. O resultado são inúmeras mulheres presas durante anos em lugares afetivos aos quais já não pertencem, por medo do julgamento ou da culpa socialmente construída por ousarem querer algo além.

Mas talvez a coragem que realmente importa seja a de reconhecer que o suficiente pode nunca ter sido de fato suficiente, e aceitar isso sem culpa. Não se trata de exigir garantias ou idealizar o futuro, mas de perceber que o mínimo aceitável não deveria ser confundido com aquilo que verdadeiramente desejamos viver. Afinal, deixar algo que já não serve não é egoísmo — é apenas coerência com aquilo que, intimamente, já sabemos há muito tempo.

Tomar decisões difíceis é romper com algo que um dia já nos serviu. A vida não oferece garantias nem espera que estejamos prontas ou completamente certas do próximo passo. É claro que seria confortável ter a segurança absoluta antes de partir, avaliar calmamente todos os riscos, ponderar cada consequência. Mas esse não é um luxo possível na vida real. Decidir é, acima de tudo, dizer não ao que já não cabe mais — um salto inevitável em direção ao desconhecido.

Existe uma narrativa social que nos mantém presas numa cultura de espera, dizendo que tudo se resolve com tempo e paciência. Mas esperar nem sempre é um gesto sábio; às vezes é apenas uma maneira sofisticada de prolongar algo que já se esgotou. Muitas de nós crescemos acreditando que, se tivermos calma suficiente, um dia acordaremos com clareza absoluta. Mas enquanto aguardamos esse dia improvável, acabamos sustentando situações e relacionamentos já esgotados, adiando rupturas que poderiam liberar espaço para uma vida mais verdadeira.

SINTOMAS DE ANSIEDADE

Esse adiamento é reforçado pela covardia social de rotular como impulsiva, egoísta ou ingrata qualquer mulher que ousa dar um passo radical rumo à própria autonomia. Não há nada de impulsivo em reconhecer que já suportamos o suficiente. Pelo contrário: a verdadeira violência está em educar mulheres a permanecerem confortavelmente quietas onde são infelizes. Quem decide romper sem dar satisfações será vista quase sempre como imprudente, não porque a decisão seja equivocada, mas porque incomoda a sociedade ver mulheres escapando desse roteiro previamente desenhado para elas.

Romper é assumir um risco sem pedir autorização. É dizer "não quero mais" sem precisar explicar cada detalhe ou justificar cada sentimento. Afinal, o arrependimento nunca será maior do que o custo emocional de viver uma vida que já não faz sentido algum. Se existe algo realmente assustador, não é a incerteza que vem com a mudança, mas o desperdício de existir pela metade — uma vida reduzida para não desagradar expectativas que nunca deveriam ter sido nossas.

A espera pode até nos trazer conforto momentâneo, mas cobra um preço alto: o de viver sem inteireza. Porque não é a mudança que devemos temer, e sim o peso silencioso de viver uma existência pela metade, anestesiada pela falsa segurança do conhecido. Em algum momento, é necessário romper com a ilusão de que o tempo por si só fará milagres. O movimento é o verdadeiro reorganizador da vida.

Entre reconhecer que é hora de partir e colocar a primeira peça na mala, há um abismo emocional imenso. Na teoria, romper é algo relativamente claro, quase lógico; mas, na prática, exige gestos mínimos, decisões triviais que carregam uma força implacável. Não existe metáfora suficiente para aliviar o peso de encarar o guarda-roupa aberto e escolher o que merece ser levado para um futuro que ainda não conseguimos imaginar. Cada roupa, cada livro, cada objeto cotidiano parece questionar em silêncio se faz sentido em uma vida que ainda não nasceu.

Quando começamos efetivamente a empacotar nossas coisas, fica evidente que não é apenas do outro que estamos nos separando, mas de uma versão inteira de quem fomos até então. A ruptura, que antes era abstrata, se torna palpável no instante em que começamos a selecionar o que fica e o que segue conosco. É uma edição profunda e dolorosa da própria identidade, um exercício de decidir quais partes nossas ainda merecem espaço e quais precisam inevitavelmente ficar para trás.

Nesse exato ponto, entre roupas dobradas e caixas vazias, os versos finais do poema "Turismo", de Ana Martins Marques, vêm à minha cabeça: "Quem está de partida/arruma a mala/de um desconhecido". Ao ler esses versos pela primeira vez, achei que o desconhecido fosse o outro, a pessoa que a separação inevitavelmente transforma em estranha. Mas percebi, naquele instante, que Ana falava dela mesma — falava de nós. Falava sobre o desconforto inquietante de empacotar uma vida para alguém que ainda não somos, uma mulher que não conhecemos, mas que logo precisaremos habitar.

O término é feito de palavras gastas e silêncios prolongados, de conversas repetidas até perderem completamente o sentido. As malas, no entanto, têm uma objetividade dura: elas nos colocam diante da realidade concreta da ruptura. Ao dobrar uma peça de roupa, estamos, na verdade, dobrando expectativas, projetos abandonados e sonhos que não cabem mais. É uma edição brutal: a seleção rigorosa daquilo que pode ser mantido em uma nova realidade.

Nenhuma partida, mesmo a mais planejada, oferece garantia alguma. Toda escolha traz consigo o confronto inevitável com as versões que deixaremos de ser. O filho que não tive, o homem que escolhi deixar, os mapas que permanecerão fechados — essas vidas são tão reais quanto aquela que decidimos viver, mesmo que nunca sejam habitadas. E aceitar isso é parte do luto silencioso que acompanha todas as grandes decisões.

O que ninguém diz sobre fazer as malas é que, mesmo quando achamos que levamos tudo, sempre há algo essencial que fica para trás. E não apenas um par de sapatos ou uma camisa favorita, mas uma versão inteira de quem fomos até ali. Uma versão que nunca mais poderá voltar.

A frase de Ana Martins Marques ecoa dentro de mim, insistente, enquanto separo minhas roupas. Porque, naquele instante, entendo que não estou arrumando uma mala para quem sou hoje, mas empacotando uma vida inteira para alguém que ainda não existe. Minhas mãos tremem ao segurar a primeira peça. Como escolher o que levar para uma mulher que ainda desconheço? Como antecipar as necessidades de quem ainda não sou?

Fazer as malas nunca foi sobre partir, mas sobre confrontar as partes nossas que não podem mais ser levadas adiante.

Ninguém precisa colecionar feridas para validar as próprias decisões. Nenhuma mulher precisa justificar a busca pelo prazer, pela liberdade ou pela alegria. Não há irresponsabilidade em deixar para trás um amor que já não alimenta, um trabalho que já não motiva, uma cidade que já não faz o coração bater mais forte. O erro jamais foi desejar mais.

Algumas vidas precisam acabar para que outras possam começar. Há quem enxergue isso como tragédia, mas é só a natureza das coisas. Os ciclos terminam. O que é insustentável rui. As mulheres que ousam escolher não carregam o fardo da dúvida, mas a euforia do movimento. Então vá. Sem pedir licença, sem dar satisfações. A decisão já foi tomada no instante em que o desejo apareceu. Agora é só ter a coragem de segui-lo.

Parte #4

Sintomas de Amor

O amor não me decepcionou por causa dos meus traumas de infância, nem pela minha Vênus em Gêmeos, ou por nunca ter encontrado uma suposta alma gêmea. Ele me decepcionou porque nunca foi apenas um sentimento — sempre foi um sistema. Um sistema que regula quem pode amar, de que maneira e quanta dor estamos dispostas a suportar nesse processo.

O amor nunca foi apenas um sentimento ingênuo e autônomo, imune ao caos que nos atravessa. Sempre refletiu o atrito entre quem somos e quem nos ensinaram a ser, trazendo as contradições entre o que desejamos e o que nos foi permitido querer. Nesse espaço de tensão, ele se mistura com expectativa, idealização e o medo do que acontece quando a realidade não segue o roteiro. Nunca foi só o encontro entre duas pessoas. Sempre carregou tudo o que veio antes, tudo o que se infiltrou no meio e tudo o que, tantas vezes, tentou sabotar o depois.

Se o amor nunca foi só um sentimento, mas um sistema que nos atravessa e nos molda, também nunca foi apenas um destino individual. Ele carrega em si a herança do que nos foi ensinado a desejar, os limites que nos impuseram, as concessões que aprendemos a fazer. Não é de se estranhar que, tantas vezes, o amor nos pareça insustentável. Quando o amor se confunde com esforço e sacrifício, é natural que chegue o dia em que nos questionamos se ele ainda vale a pena. Mas o amor realmente acaba? Ou o que se desfaz é somente a crença no amor da forma como nos ensinaram a enxergá-lo?

A psicanalista e filósofa Julia Kristeva vê o amor como um espaço de transformação identitária. Em *Tales of Love* [Histórias de amor], ela desafia a ideia de que amar significa a fusão entre dois indivíduos e propõe algo mais radical: um amor que não dissolve, mas expande. Um encontro que permite a cada sujeito existir plenamente, sem precisar sacrificar sua individualidade. Essa visão ressoa com a urgência de desmontar o amor enquanto um sistema de concessões e passividade femininas, reconstruindo-o como uma experiência de afirmação e crescimento.

As primeiras palavras deste livro nasceram em 2024, o mesmo ano em que dois livros com o mesmo título foram lançados.[12] A coincidência me fez pensar em quantas vezes decretamos, com um suspiro cansado, o fim do amor — como se ele fosse algo finito, sujeito à exaustão, condenado a desaparecer com o tempo ou com a decepção. Como se o amor pudesse simplesmente se encerrar, como um capítulo que se fecha, e não algo que nos atravessa, mesmo quando queremos nos livrar dele.

O amor, essa força que move o que há de mais bonito neste mundo, não acabou. O amor romântico também não, já que suas heranças estão presentes em nós. Mas deveria acabar. Ou, pelo menos, deveria deixar de ser aquilo que nos ensinaram a desejar. A estrutura do amor romântico foi construída em torno da paciência feminina e do imediatismo masculino. De um lado, sempre há quem espere; do outro, quem recebe. Essa dinâmica gerou expectativas impossíveis para as mulheres e permissões ilimitadas para os homens. A linguagem da espera foi romantizada, e a esperança se tornou um dever.

Angela Davis, em *Mulheres, raça e classe*, desmonta o mito do sacrifício feminino no amor como virtude e revela seu papel na perpetuação da opressão. A idealização do amor abnegado sempre foi uma forma de controle, um contrato implícito que ensina às mulheres que seu valor está na capacidade de se entregar, de suportar, de ceder. Amar não pode ser um exercício de desaparecimento.

Se a paciência feminina é exaltada no amor, é porque o sistema precisa que esperemos. Esperemos que ele mude, que a relação se ajuste, que o amor se prove. O romantismo ocidental transformou essa espera em uma prova de sentimento, mas, como Davis aponta, o amor que exige sacrifício unilateral sustenta desigualdades. Ele funciona como uma dívida emocional que as mulheres devem pagar pelo simples fato de quererem amar.

O amor pode ser uma forma de transcendência — não aquela que nos faz perder a razão, mas a que nos conecta a algo maior do que nós mesmas. Uma força que ultrapassa a lógica do contrato e da dívida emocional e se inscreve na arte, na linguagem e na possibilidade de recriação contínua. Se há algo que precisa morrer, é o amor entendido como posse, como domesticação do outro. No lugar dele, pode surgir um amor que nos expanda, que nos conecte com nossa própria potência e nos permita existir além do que esperavam de nós.

Nos prepararam para sentir, mas não para interpretar o que sentimos. Não é à toa que tantas de nós veem cuidado onde há controle, mistério no desinteresse e afeto genuíno onde só existem migalhas. A subjetividade do amor virou uma desculpa para justificar o injustificável. Violências emocionais — das mais sutis às mais brutais — se infiltraram como normalidade, porque nos fizeram acreditar que o amor, por ser imenso, justifica tudo. Até o que nos fere.

O amor mata. E mata mulheres. A ideia herdada de que as mulheres são posse dos homens é a raiz do feminicídio. A narrativa de que o amor supera tudo também. Ela assassinou nossa felicidade, nossos sonhos, nossa subjetividade e até nosso direito de ir embora. O que Nina Simone nos ensinou deveria ser inegociável: *é preciso aprender a se levantar da mesa quando o amor já não está mais sendo servido.*

Kristeva trabalha com o conceito de abjeção para mostrar como a sociedade define identidades pelo que exclui. No amor, isso se reflete na forma como as mulheres são reduzidas a funções: a mulher que espera, que cuida, que suporta. O amor romântico as coloca em um lugar de abnegação quase maternal, anulando sua subjetividade. É por isso que romper com esse modelo não é apenas uma decisão pessoal, mas uma reconstrução política e simbólica. Amar não pode significar abrir mão de si mesma para ser aceita. O amor que vale a pena não nos faz desaparecer. Romper com esse modelo não é desistir do amor, mas recusar a violência disfarçada de destino. A idealização do sacrifício feminino no amor sustenta a opressão. Amar não pode significar desaparecer.

Perceber essa dinâmica não significa desistir do amor, mas recusá-lo na sua versão mais cruel. O amor que exige que eu desapareça para existir talvez nunca tenha sido amor. O amor que me quer menor, que me quer obediente, que me quer contida, não é amor — é um projeto de domesticação. O amor que me faz hesitar antes de ser quem sou, que me impede de ocupar o espaço que me pertence, esse amor eu não reconheço mais como meu.

O que vem depois do fim não é um vazio, mas um espaço aberto para reescrevermos o que ele pode se tornar. Se deixarmos de vê-lo como um prêmio e passarmos a entendê-lo como um encontro, talvez possamos criar relações que sustentam em vez de consumir. Talvez possamos descentrá-lo da promessa romântica e permitir que ocupe outros lugares, sem que precise ser uma trincheira, um campo de batalha ou um território de dívida emocional.

O amor que quero ver servido é aquele em que posso existir inteira. Em que minha presença não precisa ser reduzida para caber, em que minha voz não se dissolve no esforço de manter a harmonia, em que não sou ensinada a me moldar para ser aceita. O amor que não me pede silêncio, que não faz da minha espera um exercício de merecimento, que não transforma minha paciência em moeda de troca. Quero um amor em que o afeto não precise ser conquistado, em que não haja o fardo invisível de ter que provar meu valor a cada gesto, em que o carinho não seja administrado em doses calculadas para me manter esperando.

O amor me decepcionou, mas não o suficiente para me fazer desistir dele. Porque a decepção não veio do amor em si, mas das promessas que me fizeram sobre ele. Me ensinaram que o amor era um destino, quando na verdade ele sempre foi um território de disputa. Me fizeram acreditar que, se eu me esforçasse o suficiente, ele viria na mesma medida. Mas o amor que aprendi a desejar foi um amor de regras e privações, um amor que exigia resistência, que transformava ausência em prova de sentimento, que colocava a espera no lugar da escolha.

Idealizamos o outro e, ao mesmo tempo, projetamos nele o que gostaríamos de ver em nós mesmas. Mas essa projeção cria distorções: esperamos que o amor nos salve, que preencha o que não sabemos nomear, que nos devolva a nós mesmas sem precisar passar pelo desconforto de nos encarar inteiras. No fim, essa busca pelo amor como um espelho nos mantém presas a ciclos de frustração. O amor que liberta não é aquele que idealiza, mas o que permite a transformação sem anulação.

Se algo se quebrou, não foi ele. Foram as regras que nos ensinaram a seguir sem questionar. O roteiro que nos deram e que nunca coube na nossa vida. O ciclo de expectativas que repetimos sem perceber que não nos leva a lugar algum. Se algo precisou ruir, foi esse modelo de amor que nos pediram para aceitar sem contestar. E quando esse amor desmorona, não sobra o vazio — sobra espaço. O que vem depois do fim não é ausência, mas possibilidade.

Depois do fim, vem a reconstrução. E ela não acontece no vácuo, nem no desespero de preencher ausências. Acontece na pausa que nos permite enxergar além do que nos disseram ser possível, na coragem de deixar para trás os vestígios de um amor que só ensina a esperar, e de escolher, em seu lugar, aqueles que fazem a gente querer ficar.

A reconstrução não vem do desespero de preencher ausências, mas da pausa que nos permite enxergar além do que nos disseram ser possível. Ela nasce no alívio de não precisar mais sustentar a espera disfarçada de lealdade e na coragem de abandonar os sintomas de um amor que só ensina a sobreviver, e escolher, em seu lugar, aqueles que fazem a gente querer ficar.

Kristeva vê o amor como uma experiência que permite a reconstrução identitária, em que o encontro com o outro possibilita uma transformação pessoal sem a necessidade de negar a própria identidade. O amor, então, não deveria ser um jogo de adaptação, mas um espaço onde podemos nos expandir sem o medo de nos perder. Não um esforço constante para atender às expectativas do outro, mas um lugar onde o desejo de permanecer vem da liberdade de ser.

Amar, nessa perspectiva, não é um projeto de autoapagamento, mas um convite à descoberta. O outro não precisa ser um espelho que confirma quem já somos, nem um molde no qual precisamos nos encaixar. A alteridade não é uma ameaça à identidade, mas um espaço onde nos tornamos mais inteiras. Amar sem desaparecer exige uma coragem rara: a de estar aberta ao que se transforma, sem que essa transformação implique submissão. A de permanecer sem se perder.

Tudo me leva a crer que o amor é um dos melhores motivos para estarmos vivas. Ele se espalha nas frestas do cotidiano, nos gestos que escapam à pressa, nos laços que constroem pertencimento sem precisar de grandeza. Está no riso cúmplice dos meus amigos, naquele humor que só nós entendemos, num código que o mundo lá fora não consegue traduzir. Está no abraço da minha mãe quando estou sem chão e, de repente, o chão se refaz. No instante em que as lágrimas escorrem e meu cachorro apenas encosta a cabeça no meu colo, sem perguntar nada, sem tentar consertar o que não precisa de conserto.

Está no toque de quem me vê inteira, sem querer me moldar. Na troca silenciosa de quem não precisa explicar para ser compreendida. No instante em que percebo que não preciso merecê-lo, nem traduzi-lo, nem dobrar minha existência para caber dentro dele. O amor que vale a pena não se prova pela resistência, mas se reconhece pela leveza. O que não me pede espera, mas me traz tamanha presença que tudo que quero está aqui e agora, no instante exato em que me lembro de que estar viva é isso.

Os sintomas que nos ensinaram a confundir com amor inevitavelmente levam à decepção. Mas também levam a novos começos. Se o amor foi usado para nos controlar, ele também pode ser usado para nos libertar. Nos ensinaram a confundir amor com inquietação, expectativa e espera. Mas o amor que permanece não é aquele que nos testa, e sim o que nos acolhe.

O amor que me prometeram era feito de ausência, esforço e renúncia, mas o amor que me interessa não me exige fôlego preso nem vigília constante. O amor que existe não apesar de mim, mas comigo. No fim, não se trata de merecer ou decifrar, mas de escolher. E eu escolho os sintomas certos — os que aquecem, sustentam e me fazem querer ficar. O amor que pode até nos decepcionar, mas de uma forma que revela que a idealização era nossa, não do outro. E, depois da decepção, é hora de se lembrar daquela festa que te aguarda, pronta para te receber.

Agradecimentos

Meu primeiro obrigada vai para Alice, minha editora, minha malvada favorita (que de malvada não tem nada, mas isso é segredo nosso), que tem os filhos mais lindos do universo, e, se hoje este livro está nas suas mãos, é porque ela usou stickers com fotos deles para me cobrar prazos e retornos. Então, obrigada também, Olivia e Joaquim.

Obrigada aos meus amigos que fizeram festa para me receber em todas as minhas novas vidas: vocês sabem quem são. O amor que não acaba nunca é esse.

Obrigada, Amanda Pinho, por entender minhas curiosas descrições sobre cores, por embarcar nas minhas viagens e saber traduzir em forma de arte tudo em que eu acredito. Seu talento é uma das coisas mais bonitas desta vida, Pin.

Obrigada a todo o time do podcast, aos amados Zamunders, à equipe de figurino, áudio, catering, a todos. E muito obrigada a Renata Brazil, que, dentro do camarim, não me deixa segura apenas com a imagem, mas com quem eu sou. Obrigada por ser esse espelho do que é ser uma mulher potente. Obrigada, Lauro, Luisa e Liege, por segurarem tantas barras na empresa enquanto precisei me afastar para tocar este livro. Vocês são foda.

E, por fim, minha mãe.

Obrigada à minha mãe, que alguns podem achar que conhecem, mas não conhecem a minha mãe. Minha mãe, que cuida, que indaga, que me irrita, que nunca deixou que eu me sentisse incapaz. Minha mãe, essa força gigante que destruiria impérios e construiria nações pela felicidade dos seus filhos. Não a Renata, a minha mãe. Te amo.

Notas

1. CERIBELLI, Marcela. "O trabalho invisível das mulheres". In: _____. *Aurora: o despertar da mulher exausta*. Rio de Janeiro: HarperCollins, 2022.
2. _____. "Pessoas felizes traem?". *Bom Dia, Obvious*, episódio 229, 26 fev. 2024.
3. FEMINISM IN INDIA. Male gaze in sports: female athletes are sportspersons, not bodies to be objectified. *Feminism in India*, 24 nov. 2021. Disponível em: https://feminisminindia.com/2021/11/24/male-gaze-in-sports-female-athletes-are-sportspersons-not-bodies-to-be-objectified/#google_vignette.
4. CERIBELLI, Marcela. "Como superar um quase algo?". *Bom Dia, Obvious*, episódio 232, 18 maio 2024.
5. _____. "Chegou a hora de amar de novo". *Bom Dia, Obvious*, episódio 243, 27 maio 2024.
6. CERIBELLI, Marcela. "Me apaixonei pelo que inventei por você". *Bom Dia, Obvious*, episódio 250, 15 jul. 2024.
7. _____. "Potencial não é paixão". *Bom Dia, Obvious*, episódio 240, 6 maio 2024.
8. _____. "As sutilezas nada sutis do abuso". *Bom Dia, Obvious*, episódio 269, 18 nov. 2024.
9. _____. "Se acolher para depois se libertar". *Bom Dia, Obvious*, episódio 220, 4 dez. 2023.
10. _____. "Como tomar decisões difíceis". *Bom Dia, Obvious*, episódio 244, 3 jun. 2024.
11. _____. "Bom demais para sair, ruim demais para ficar". *Bom Dia, Obvious*, episódio 189, 8 maio 2023.
12. STRINGS, Sabrina. *The End of Love: Racism, Sexism, and the Death of Romance*. 1. ed. Boston: Beacon Press, 2024. TENENBAUM, Tamara. *The End of Love: Sex and Desire in the Twenty-First Century*. Ed. Kindle. Nova York: Europa Compass, 2024.

Este livro foi impresso pela Ipsis, em 2025, para a HarperCollins Brasil. O papel do miolo é pólen natural 80g/m², e o da capa é cartão 250g/m².